LN-TOURISTIKFÜHRER

»airtours international«

LN-Touristikführer sind neuartige Reisebücher, die an die Stelle herkömmlicher Reiseführer treten. Sie sind ganz auf die speziellen Bedürfnisse und Wünsche des Urlaubers abgestimmt.

LN-Touristikführer werden nicht am Schreibtisch konzipiert, sondern von erfahrenen Reisejournalisten an Ort und Stelle, also aus eigener Anschauung und nach Prüfung der Gegebenheiten geschrieben.

LN-Touristikführer bieten dem Leser mehr als trockene Information und den üblichen Katalog der Sehenswürdigkeiten. »airtours international«, der größte Reiseveranstalter für individuelle Flugreisen mit Linienmaschinen in Europa, stellte seine Mitarbeit zur Verfügung. Zusammen mit diesen Spezialisten für den modernen Urlaub entstand eine Reihe hochaktueller Bände.

LN-Touristikführer lesen sich wie ein amüsantes Buch. Und – fast nebenbei – erfahren Sie alles Wichtige, Wissenswerte und Interessante über Ihr Urlaubsgebiet.

SIZILIEN

52

kennen und lieben

Eine Inselrundfahrt –
nicht nur für Bildungshungrige

VON VERENA VON JERIN

LN-VERLAG LÜBECK

LN-TOURISTIKFÜHRER 52

Umschlagfoto: Der Monte Pellegrino vor Mondello

Foto gegenüber dem Titel: Blick auf den Ätna

Fotos: ENIT (Umschlag, 2) Ernst Dreger (4),
Elfer-Mauritius (1), Dieter Fischer (4),
Klaus D. Francke (2), Verena von Jerin (8),
Storck-Mauritius (1)

Kartographie: H. Schultchen, Hamburg

ISBN 3-87498-180-0

2. Auflage 1977

Gesamtherstellung: LN-Druck Lübeck
Printed in Germany

Hier finden Sie's

Quasi als Vorwort: Das Geschenk des San Francesco

Um es gleich vorwegzunehmen: Wundern Sie sich bitte nicht, daß in diesem Reiseführer immer wieder auf Legenden und Mythen hingewiesen wird. Aber Sizilien ist eine Insel der Sagen und uralten Überlieferungen, sie sind untrennbar mit der Landschaft und ihren Menschen verbunden – und werden es wohl immer bleiben. Trotz allen Fortschritts und aller Industrialisierung, die zuweilen ziemlich gewaltsam über die »Insel der Götter« hereinbrachen, blieben jene Mythen lebendig, selbst in unserer entgötterten, entmythologisierten Zeit. Vielleicht werden Sie gerade deshalb Sizilien lieben, denn Errungenschaften der Technik und Zivilisation finden sich überall im modernen Europa – aber Götter?
Sie müssen sich darauf gefaßt machen, daß Ihnen diese auf unserer Inselreise allerorts begegnen – und wenn es nur ihre Namen sind. Aber kann nicht schon ein Name eine Art von Beschwörung sein? Götter und Heroen, Wunder und Heilige, von letzteren einige, die in keinem Kalender zu finden sind und deren historische Existenz nur schwer beweisbar ist. Auch wenn Sie selbst an Götter und ihre Taten, an Heilige und ihre Wunder nicht glauben – respektieren Sie bitte den Glauben der Menschen, deren Heimatinsel Sie aufsuchen wollen. Sie werden damit erlebnisreicher durch Sizilien kommen. Und vielleicht auch ein wenig glücklicher. Mir ist es jedenfalls bei vier ausgedehnten Sizilienreisen so ergangen. Und ich wünsche Ihnen dasselbe.
Ein Heiliger, übrigens kein Sizilianer, aber ein Angehöriger des Landes, zu dem die Insel gehört und der hier hoch verehrt wird, hat mich bei meiner letzten Reise mit einem Geschenk bedacht.
»Es« lag an der Kontrollstelle der »Strada del Sol«, bei der zum letztenmal vor der Überfahrt nach Sizilien die Autobahngebühr kassiert wird. Vor den Schaltern stauten sich die Autos. Zwischen den laut hupenden Blechkarossen und ihren ungeduldigen Fahrern irrte hilflos und verloren ein kleiner weißgrauer Hund. Jeden Augenblick konnte – nein: mußte er überfahren werden. Ich hatte meiner Reisekameradin eben noch eine der Tiergeschichten des San Francesco erzählt, wir waren am Nachmittag

durch Umbrien gekommen. Da stellte mich der Poverello aus Assisi auf die Probe: Er legte uns einfach eines der Geschöpfe, denen einst seine Liebe gegolten hat, vor den Wagen. Es gehörte jener undefinierbaren Hunderasse an, die man allerorts im Mittelmeerraum antrifft. In stummer Bitte sahen große braune Augen zu uns auf. Wir steuerten den Wagen vorsichtig seitwärts, fütterten den kleinen halbverhungerten Kerl, suchten ihn einen Abhang hinaufzulocken. Vergebliches Beginnen. Mit dem etwas schief geratenen Ringelschwänzchen wedelnd, hockte er gleich wieder neben unserem Auto. Schließlich legte er sich quer vor den Kühler. Wir hupten – der Sendbote des heiligen Franziskus wich und wankte nicht. Wir sahen uns an. Jede von uns beiden besitzt daheim einen Vierbeiner, den wir auf unsere wochenlang dauernde Reise nicht mitgenommen hatten. Und nun? . . .
Wir öffneten den Wagenschlag. »Poverella« sprang herein, streckte sich aufatmend zu meinen Füßen aus. Sie hatte es geschafft. »Mit diesem Hund nimmt uns kein Hotel auf«, meinte meine Freundin lakonisch, »da muß schon dein San Francesco helfen.« Er half – sozusagen umgehend. »Albergo San Francesco« stand kurz darauf mit roten Leuchtbuchstaben in den Nachthimmel geschrieben. Den völlig verschmutzten Hund auf dem Arm, dessen Zustand ein großer Schal barmherzig verhüllte, hielten wir Einzug in das Hotel. Drei Stunden lang wurde das Geschenk des Heiligen gebadet, verarztet, verbunden. Am nächsten Morgen verließ ein blendend weißes Etwas die gastliche Stätte, wie ein »gelernter Hund« an einem roten Kleidergürtel als improvisierter Leine trabend. Klug und verständig hat uns »Poverella« sechs Wochen lang durch ganz Sizilien begleitet, hat Tempel und Ausgrabungsstätten, Schlösser und Kastelle, Museen und Nekropolen mit uns besichtigt – und uns zuletzt noch mit acht Welpen beschenkt. Drei wurden in einem erstrangigen Hotel der Riviera dei Ciclopi geboren, aus dem wir uns aus naheliegenden Gründen schnellstens entfernen mußten, drei kamen bei der Weiterfahrt in unserem Wagen zur Welt, eines unter einem Oleanderbaum in der schwarzen Lavaasche des Ätna und das letzte in einer kleinen Locanda, wo wir endlich Zuflucht fanden.
Poverella sitzt jetzt neben mir und kontrolliert, was ich schreibe. Ab und zu nickt sie sachverständig mit dem Kopf oder gibt mir die Pfote. Sie hat mich mit drei Kindern auch heim nach Deutschland begleitet . . .

Sizilien zum Aufblättern

Bitte beachten Sie: Angesichts der weltweiten Paritäts- und Geldwertschwankungen - von denen Italien besonders betroffen ist - mußte auch in diesem Informationsteil auf Preisangaben weitgehend verzichtet werden. Allgemein bewegt sich der Preisspiegel wie in Deutschland.

Allgemeines: Mit 25426 qkm ist Sizilien die größte Insel des Mittelmeeres. Über 4,7 Mill. Einwohner. Die »Regione Sicilia« umfaßt neun Provinzen: *Palermo* (zugleich Hauptstadt), *Trapani, Agrigent, Caltanissetta, Enna, Ragusa, Syracusa, Catania, Messina.* Von diesen haben erst fünf Provinzen die durch die Verfassung von 1948 zugesicherte Autonomie.
Reiche Bodenschätze: Erdöl, Schwefel, Asphalt, Erdgas. Vom kalabrischen Festland durch die drei Kilometer breite »Straße von Messina« getrennt. Der Apenninenbogen setzt sich in den Inselgebirgen fort (»Sizilischer Apennin«): Peloraritanisches (1279 m) und Nebrodisches Gebirge (1846 m), Berge der Madonie (1979 m). Höchster Berg: Vulkan Ätna (3370 m). Weitere Vulkane: Stromboli und Vulcano auf den *Liparischen Inseln.*
Sizilien besitzt Hügellandschaften, Hochflächen, tiefe Schluchten.
Seen: Pergusa-See (ca. 6 qkm groß) Polici- oder Naftia-See (zwischen Caltagirone und Catania), im Sommer häufig ausgetrocknet, bei Wasserstand oft kleine Fontänen durch starken Kohlensäuregehalt am Seeboden. Stauseen im Inselinnern.
Flüsse: Sineto, Salso, Platani, Torto. Leider wenig ergiebige Quellen. Wasserarmut ist bedingt durch wasserundurchdringliche Böden, Wasserabfluß zum Meer und starke Verdunstung.
In den Küstenlandschaften Intensivanbau von Orangen, Zitronen, Oliven, Mandeln, Trauben, im Inneren der Insel Weizen und Bohnen. Weinanbau mit ausgezeichneten Sorten.
Küstenfischerei: Sardellen, Thunfische, Schwertfische. Salzgewinnung aus dem Meer bei Trapani.
Großstädte: Palermo mit über 800000, Catania mit 480000, Messina 280000 und Syrakus mit 110000 Einwohnern.

Anreise: *Flugverbindungen* von allen deutschen Flughäfen, von Zürich und Wien täglich mit der LUFTHANSA, SWISSAIR und ALITALIA nach Rom. Von dort mehrmals täglich Verbindung zu den internationalen Flughäfen Palermo-Punta Raisi und Catania-Fontanarossa. Ab hier Möglichkeit zum Weiterflug nach Trapani-Marsala, Ragusa-Comiso sowie auf die Inseln Pantelleria und Lampedusa.

Eisenbahn: D-Züge Rom–Neapel–Palermo (setzen von Reggio Calabria nach Messina auf Fährschiff über). Diverse TEE-Verbindungen; u. a. »Peloritano« Rom–Palermo. Empfehlenswert: der von Mailand gegen 17.00 Uhr abgehende »Te Notte«, er hat Schlafwagen 2. Klasse. Ankunft in Palermo: etwa 14.00 Uhr.

Fahrpreisermäßigungen bei Hin- und Rückreise 15 bis 20 Prozent. Zur sogenannten »Primavera siciliana« (Frühling in Sizilien) Ermäßigung von 30 Prozent bei 6 Tagen Mindestaufenthalt (1. Januar bis 31. Mai). Die Fahrkarte muß bei Ankunft und Abreise im Bahnhof oder Reisebüro abgestempelt werden. Dann auch Anschlußkarten mit 20 Prozent Ermäßigung auf allen Inselstrecken. Primavera-Karten auch für kombinierte Reisen: Neapel–Palermo mit dem Schiff der Linie »Tirrenia«. Rückreise muß bis 30. Juni angetreten sein.

Während der Vor- und Nachsaison (1. Oktober bis 31. März) gibt es Touristenkarten mit 20 Prozent Nachlaß.

Alle größeren Orte sind mit Haupt- oder Nebenlinien der Staatsbahn zu erreichen, Autobuslinien ergänzen das Eisenbahnnetz. Amtliches Kursbuch *(Orario Generale)* gibt detaillierte Auskunft.

Ätna-Rundfahrt ab Catania mit der »Ferrovia Circumetnea« (Ätna-Ringbahn). Die Inselrundfahrt der CIAT-Autobusse dauert 5 Tage.

Autoreise nach Sizilien über die Autobahn »Autostrada del Sol«: Mailand - Bologna - Florenz - Rom - Neapel - Salerno - Reggio Calabria. Die Autobahngebühren werden an den einzelnen Abschnitten kassiert, die bei der Einfahrt übergebene Karte ist bei der Ausfahrt abzuliefern. Gebühr richtet sich nach Streckenlänge und Stärke des Wagens, über die Höhe unterrichtet Sie der ADAC oder Ihr Reisebüro.

Ein *Autoreisezug* verkehrt im Sommer via Köln–Karlsruhe–Rom und zurück.

Fährschiffe (Traghetti) von morgens bis abends ab *Villa San Giovanni* und *Reggio Calabria* nach *Messina*. Für Pkw richtet er sich nach Größe des Wagens. Ermäßigung bei Rückfahrten.

Fährschiffe »Freccia Blu« und »Freccia Rossa« (mit und ohne Pkw), Genua–Palermo und Gegenroute. Fahrzeit 20 Stunden. Prospekte in Reisebüros.

Schiffslinien nach Sizilien: Mit Linie »Tirrenia« von Genua oder Neapel aus (Abfahrt Neapel jeden Abend 21.30 Uhr, Ankunft Palermo 8.15 Uhr). Transportieren auch Pkw. Fahrpläne bei Reisebüro oder ENIT anfordern (siehe unter »Information«). Schiffsverbindung auch zwischen den Häfen Palermo, Catania, Syrakus, Messina und zu den Inseln (siehe Seite 19).

Ausgrabungsgelände: Agrigent (Tempeltal). Gela (bei Capo Soprano). Syrakus (Parco Monumentale). Megara Hyblaea. Palazzolo Acreide. Piazza Armerina (Villa Casale und Morgantina). Catania (griechisches und römisches Amphitheater). Taormina-Giardini (Gelände von Naxos). Tindari (archäologische Zone). Termini Imerese (Gelände). Erice. Segesta. Selinunt.

Ausweispapiere bei Grenzübertritt: Reisepaß oder Personalausweis. Autofahrer: nationaler Führerschein und Zulassung (Pannendreieck nicht vergessen!). Grüne Versicherungskarte. Abschluß einer Kasko- oder Unfallversicherung wird empfohlen. Informieren Sie sich auch über die Vorteile des neuen Auslands-Schutzbriefs des ADAC.

Automobilclub ACI (Automobile Club Italiano. Mitgliedschaft leicht zu erwerben (Jahresbeitrag 4000 Lire) bei Grenzübertritt oder durch Antrag des heimatlichen Automobilklubs. Durch Mitgliedschaft bei ACI viele Vorteile: so kostenlose Rechts- und Sachverständigenhilfe, Inanspruchnahme von kostenfreiem Straßenhilfsdienst (Telefon 116), ermäßigte Gebühren auf Parkplätzen mit ACI-Zeichen, ebenfalls 10 Prozent Ermäßigung in Autostelli ACI-Motelagip und Mottagrills. Sehr nützliches ACI-Reisehandbuch mit Hotel-Listen, Adressen von ACI-Büros, Straßenhilfsdienst, Werkstätten und Fremdenverkehrsbüros, Mitgliedskarte der »Italia Nostra«-Vereinigung, damit freier Eintritt in staatliche Museen und Ausgrabungsstätten. Durch Mitgliedschaft beim ACI ist Ihr Gepäck bis zum Höchstbetrag von 125000 Lire versichert.

Banken sind Montag bis Freitag von 8.30 bis 12.45 und von 15.30 bis 16.30 Uhr geöffnet, es gibt natürlich auch Ausnahmen. Die Einlösung von Traveller- und Euroschecks ist oft umständlich und zeitraubend. Geldwechseln geht etwas schneller vonstatten. Verlieren Sie nicht die Geduld. Manche größeren Hotels nehmen Schecks – mit einem kleinen Aufschlag – zum Wechseln an.

Bellini, Vincenzo, geboren 1801 in Catania, gestorben 1835 in Puteaux bei Paris. Siziliens vielgeliebter »Nationalkomponist; Opern »Norma«, »Nachtwandlerin«, Instrumental- und Kirchenmusik.

Benzingutscheine: Sie erhalten wieder für 400 Lt verbilligtes Benzin. Versäumen Sie daher nicht, Ihr ADAC-Büro aufzusuchen.

Boote: Motorboote können mit den entsprechenden Unterlagen (Triptik, offizielle Zulassung, Führerschein) eingeführt werden. Die beim zuständigen Konsulat erteilte Beglaubigung gilt für ein Jahr. Mitglieder ausländischer Segelklubs dürfen mit ihren Booten alle italienischen Jachthäfen benutzen. Landeerlaubnis wird beim zuständigen Hafenamt eingeholt. Nähere Auskünfte gibt der italienische Seglerverband: Federazione Italiana della Vella, Genua, Porticciolo Duca degli Abruzzi 409.

Camping: Lassen Sie sich von der Zentralstelle des italienischen Camping-Verbandes ein Verzeichnis der Campingplätze schicken (Federazione Italiana del Campeggio e del Caravanning, Firenze, Casella Postale 225). Das Verzeichnis liegt auch bei den ENIT-Büros auf. Mitglieder der A.I.T. (Alliance Internationale de Tourisme) und der F.I.C.C. (Fédération Internationale de Camping et Caravanning) erhalten auf den Camping-Plätzen eine Ermäßigung.

Plätze auf Sizilien: Palermo: *Parco La Favorita.* Sferracavallo: *Trinacria.* Insel Favignana bei Trapani: *Mulino a Vento.* Bei Marsala: *Villa del Sole.* Sciacca: *Della Gioventu.* Agrigent, Tempeltal: *Akragas.* Marina di Ragusa: *Villa Nifosi.* Bei Syrakus: *Baia del Sole.* Catania: *Villaggio Europeo.* Taormina: *San Leo.* Letojanni: *Paradiso.* Messina: *Santa Margherita.* Milazzo: *Paradiso.* Lipari: *Castello.* Castroreale Terme: *Villaggio Ciapazzi.* In den Madonie-Bergen: *Piano Zucchi, Piano Imperiale.* Enna: am Nordufer des *Pergusasees.*

CIAT: Großes Autobusunternehmen, Sitz Palermo, führt u. a. die 5 Tage dauernden Inselrundfahrten durch.

Deutsche Zeitungen: Die großen Tageszeitungen wie FAZ, »Die Welt«, »Süddeutsche Zeitung« liegen an größeren Kiosken auf, allerdings sind sie nicht immer neuesten Datums. Das gleiche gilt von einigen Illustrierten. »Der Spiegel« ist ebenfalls zu finden. In guten Buchhandlungen größerer Städte gibt es auch deutschsprachige Bücher.

Devisen: Ausländische Zahlungsmittel (Bargeld, Eurocheques, Reiseschecks) können unbegrenzt nach Italien eingeführt werden. Die Ein- und Ausfuhr italienischer Währung unterliegt Beschränkungen. Zur Zeit dürfen nur 35000 Lire pro Person mitgeführt und wieder ausgeführt werden.

Dialekt: Der sizilianische Dialekt ist auch für den gut Italienisch sprechenden Fremden schwer zu verstehen, er weicht noch mehr als der neapolitanische oder venezianische von der Schriftsprache ab. So wird statt »e« stets »i« gesprochen, z. B. »vedere« (sehen) – »vidiri«. Die meisten »o« werden zu »u«, also

»nonno« (Großvater) - »nunnu«, oder »amore« (lieben) - »amuri«. »Mondo« (die Welt) heißt »munnu«, »giorno« (der Tag) - »jurnu«. Doppellaute wie das zweifache »l« verändern sich zum doppelten »d«, Beispiel: »quello« (jener) heißt »chiddu«. Am Wortanfang verkürzen sich »i«, »l«, »n«, »p« oft in ein Apostroph. So wird »in somma« zu »'nsumma«. Von den »Grundabweichungen« gibt es auch noch »Nebenabweichungen«. Geben Sie sich keine Mühe, Sie erlernen diese schwierige Sprache doch nicht! Gesungen wirkt sie durchaus »eingängig« und melodiös - in den alten, schönen Volksliedern.

Dolci, Danilo, Reformator und Schriftsteller, man nennt ihn den »Gandhi Siziliens«. In seinen Büchern zeichnet er das moralische und materielle Elend der armen Bevölkerung Westsiziliens. (»Umfrage in Palermo«, »Gewaltlosigkeit und Entwicklungsplanung«.)

Elektrizität: Die Stromspannung ist noch nicht vereinheitlicht, beträgt oft noch 110 Volt, sie soll jedoch auf 220 Volt umgestellt werden. Deutsche Schukostecker sind nicht zu gebrauchen.

Feiertage: Neujahr; Ostermontag; 25. April (Jahrestag der Befreiung); 1. Mai; Christi Himmelfahrt (Ascensione); 2. Juni (Proklamation der Republik); 15. August (Mariä Himmelfahrt [Assunzione]); 1. November (Ognissanti); 4. November (Waffenstillstand 1918); 25. Dezember (Natale); 26. Dezember (Santo Stefano). Alle übrigen bisherigen Feiertage sind neuerdings gestrichen.

Feste: siehe Kalendarium Seite 138.

Fernsehen (Televisione): Zwei Programme, noch kein Farbfernsehen. Tagesschau und Wetterbericht um 19.50 bzw. 20 Uhr und 23.20 Uhr.

Flughäfen: siehe Anreise.

Funivia dell'Etna (Seilbahn zum Ätna) verkehrt noch immer nur auf einer Teilstrecke. Dann umsteigen auf Bus. Fußmarsch bis Kraterrand: 30 Minuten. Abfahrt Nicolosi-Catania, Piazza Vittorio Emanuele 45.

Gagini, Bildhauerfamilie, wohl in der zweiten Hälfte des 15. Jahrhunderts in Sizilien eingewandert und dort mehrere Generationen lang tätig. Bedeutendste Vertreter: Domenico und Antonello Gagini.

Geldwechsel: siehe »Banken« und »Devisen«.

Gewichte: In Italien wird nicht nach Pfund gewogen, sondern nach Kilo (chilo). Ein Pfund also »un mezzo chilo«, ein halbes Kilo. 100 Gramm sind »un etto«, 200 Gramm »due etti« usw. 100 Kilo sind eine »Quintala«, 1000 Kilo eine »Tonnelata«.

Heilbäder: *Castroreale* in der Provinz Messina ist das größte Heilbad der Insel; angezeigt bei Leber- und Gallenleiden, Stoffwechselerkrankungen, Arthritis, Gicht, Diabetes und zur Nachbehandlung von Knochenbrüchen.
Ali Terme: Schwefel- und Jodquellen, zur Behandlung rheumatischer Leiden sowie Hautkrankheiten.
In der Provinz Palermo: *Termini Imerese,* radioaktive, salzhaltige Thermalwässer (Urikämie, Rheuma, Arthritis, Ischias). *Sclafani-Bagni* in den Bergen der Madonie: Trinkkuren, Bäder, Schlammpakkungen (Stoffwechsel, Magen, Darm- und Hautleiden).
Provinz Agrigent: *Sciacca,* angezeigt zur Behandlung von Hautkrankheiten und Erkrankung der Luftwege, Rheumatismus, Neuralgien, Nervenentzündungen.
Provinz Catania: *Acireale* mit dem radioaktiven, schwefel- und kochsalzhaltigen Wasser der Kuranstalt Santa Venera. Behandlung von rhinifener Taubheit, Frauenleiden, orthopädische und diätologische Kuren.
Im übrigen: Die ENIT-Büros liefern Ihnen ausführliche Prospekte.

Informationen jeder Art erhalten Sie bei den staatlichen italienischen Fremdenverkehrsämtern ENIT (Ente Nazionale Industrie Turistiche). In Deutschland: Düsseldorf, Berliner Str. 26; Frankfurt (M.), Kaiserstr. 65; München, Pacellistr. 2. Auf Sizilien bei der Landesstelle für Fremdenverkehr (Assessorato al Turismo), Palermo, Via Notarbartolo, und den Provinzialfremdenverkehrsämtern *(Ente Provinziale per il Turismo)* Agrigent, Piazza Cavour 19; Catania, Largo Paisiello 5; Cefalù, Corso Ruggiero; Enna, Piazza Garibaldi 1; Messina, Via Cabria Isolato 301; Ragusa, Via Natalelli; Syrakus, Corso Gelone 92; Trapani, Corso Italia; Taormina, Piazza Catarina.
In manchen kleineren Orten heißt der Fremdenverkehrsverein auch »Azienda Autonoma di Soggiorno e Turismo«. Sie bekommen in diesen Büros die örtlichen Stadtpläne, Prospekte, Schiffahrtslisten, Fahrpläne und vor allem die offizielle, jedes Jahr neu erscheinende Liste sämtlicher Hotels auf Sizilien, mit Preisverzeichnis und deutschem Textteil *(Annunario Alberghi, Regione Siciliana).* Auf den Verkehrsämtern werden Ihnen auch Privatquartiere genannt. In den Hotels geben die Portiers oft gute Informationen, zumal wenn man mit einem Trinkgeld nachhilft.

Jugendherbergen *(Ostelli* oder *Alberghi per la Gioventù):* Verzeichnis bei Zentralverband anfordern (Associazione Italiana Alberghi Gioventù, Roma, Via Guidobaldo del Monte 24). Jugendherbergen gibt es in: Palermo, »Ostello Conca d'Oro«, Via Pietro Bonanno; Taormina-Giardini, »Ostello Naxos«,

Via Sirino 1; Castroreale (Provinz Messina), »Ostello delle Aquile«, Via Federigo II.; Caltagirone (Provinz Catania), »Ostello Regina del Monti«, Via Madonna della Via; Belvedere (Provinz Syrakus). Auf den Inseln Lipari, »Ostello Lipari«, Via Castello 17, und auf Stromboli, »Ostello Eolo«, Via Vittorio Emanuele.

Außerdem gibt es in der Nähe der neun Provinzhauptstädte Siziliens je ein *Jugendhotel,* das vom Stadtzentrum mit Bus zu erreichen ist: Palermo, »Baia del Corallo« (Küste von Sferracavallo); Trapani, »Giuseppe Amadeo« (Strecke nach Erice); Agrigent, »Akragas« (im Tempeltal); Enna, »Pergusa« (am Ufer des Pergusasees); Caltanissetta, »San Giuliano«; Syrakus, »Castello Euryalo«; Ragusa, »Hybla«, in Richtung Pendente. Catania, »La Playa«, am Meer gelegen.

Käse sind auf Sizilien sehr würzig und wohlschmeckend. *Caciocavallo* (hat nichts mit einem Pferd zu tun) - ein Käse aus Kuhmilch in Form einer Kürbisflasche. *Cannastrato* - ein scharf gepfefferter Ziegenkäse. *Provola* und *Provolone* - geräucherte Käse, *Mozarella* - ein Büffelkäse, der nicht älter als zweiundzwanzig Stunden sein soll. *Pecorino* - scharf gepfefferter Schafskäse. *Ricotta* - pikanter Quark.

Klima: An den Küsten mediterranes Klima, milde Winter, mit zeitweiser Regenzeit von Mitte Oktober bis Anfang März.

Sonnentage - im Jahresdurchschnitt: Syrakus 133, Taormina 130, Catania 125, Messina 110, Palermo 98. Tägliche Sonnenscheindauer im Sommer bis zu elf, im Winter bis zu vier Stunden.

Höchst- und Tiefsttemperaturen, Beispiel Palermo: Januar 14/8, Februar 15/9, März 17/10, April 19/12, Mai 24/15, Juni 28/19, Juli 30/22, August 31/22, September 28/20, Oktober 24/16, November 19/13, Dezember 16/10 Grad Celsius.

Wassertemperaturen Palermo-Mondello: April 16,6, Mai 19,3, Juni 22,4, Juli 27,8, August 26,5, September 24,1, Oktober 22,4 Grad Celsius.

Wind: *Schirokko,* heißer, aus der Sahara kommender Wüstenwind, weht jeweils meist drei Tage. Im Westen der Insel trocken, über 40 Grad Celsius, im Osten feucht.

Im November reifen die Mandarinen, im Januar die Orangen, Im Februar blühen Pfirsich- und Mandelbäume.

Krankenscheine: Vor Reiseantritt sollten Sie sich einen internationalen Krankenschein bei Ihrer Krankenversicherung besorgen. Dieser wird im Bedarfsfall bei der INAM (Istituto Nazionale par l'Assicurazione contro la Malattie), der staatlichen italienischen Krankenversicherung, in einen Behandlungsschein umgetauscht. Man kann sich damit bei jedem Arzt behandeln lassen. Andernfalls verlangen Sie eine detaillierte Liquidation und legen diese Ihrer Versicherung vor.

Konsulate: Deutsche Konsulate auf Sizilien: Palermo, Via Quintino Sella 77, Telefon 18377; Catania, Via Gabriele d'Annunzio 125; Messina, Via San Camillo 16.
Italienische Konsulate in Deutschland: Frankfurt, Feldbergstraße 24; Köln, Gereonstraße 18; Hamburg Feldbrunnenstraße 54; München, Möhlstraße 3; Stuttgart, Lenzhalde 69.

Lampedusa, Giuseppe Tomasi di, geboren 1896 zu Palermo, gestorben 1957 in Rom. Sein einziger Roman »Il Gattopardo« (Der Leopard) zeichnet Sizilien zur Zeit Garibaldis. Ich möchte jedem Sizilienfahrer dieses Werk zur Lektüre anempfehlen, es wird sein Verständnis für die Eigenart des Landes und die Mentalität seiner Bewohner erleichtern und vertiefen. (»Die Sirene«, - Erzählungen).

Mafia: Sizilianischer Geheimbund, dessen Ursprung auf eine Widerstandsbewegung gegen die einstige Herrschaft der Spanier, insbesondere der Inquisition, zurückgehen soll. Der Name leitet sich aus dem Arabischen ab, »Mu'afah« bedeutet soviel wie Mut. Die Mitglieder der Mafia wurden später von den reichen Latifundienbesitzern zur Überwachung ihres Besitzes beauftragt. Während der italienischen Einigungskriege gelangte die Organisation zu unumschränkter Macht. Sie übt diese noch heute, vor allem in Westsizilien, aus, arbeitet mit den Mitteln der Gewalt und Abschreckung. Ihr Einfluß erstreckt sich auf alle Schichten der Bevölkerung und auf alle Gebiete des Handels, der Wirtschaft und der Industrie. Es soll nur zwei Möglichkeiten geben, sich vor dem Terror der Mafia zu schützen: der Organisation beizutreten oder ihr Tribut zu zahlen. Ihr oberstes Gesetz ist die sogenannte »Omerta«, das eiserne Gesetz der Verschwiegenheit. Seit über einem Jahrhundert bestimmt die »Onorita società«, die »ehrenwerte Gesellschaft«, Siziliens Geschicke.

Messina, Antonello da, der bedeutendste Maler Siziliens, geboren 1439 in der Stadt, nach der er seinen Namen erhalten hat und in der er 1479 auch gestorben ist. Er vereinigte in seiner Kunst Elemente der niederländischen wie der venezianischen Malerei.

Mietwagen sind in allen größeren Städten erhältlich *(Auto noleggio)*. In Palermo, Messina, Syrakus und Catania gibt es Niederlassungen der inter-Rent (VW).
Autofahrer, die sich die weite Anreise mit dem eigenen Wagen sparen wollen, können eine sehr praktische Einrichtung in Anspruch nehmen: Man kann in den Bahn-

höfen *Palermo Centrale, Catania Centrale* und *Messina Centrale* einen Wagen leihen und diesen auch an jeder der beiden anderen Stationen zurückgeben. Schriftliche, telefonische oder telegrafische Bestellungen an den »Servizio Treno e Auto« der Station, von der aus Sie Ihre Fahrt antreten wollen. In Deutschland nehmen auch die Geschäftsstellen des ENIT diese Vorbestellungen an.

Museumskarte: Eine Einrichtung, die von vielen Reisenden aus Unkenntnis nicht in Anspruch genommen wird, ist die »Museumskarte«, die Sie vor Ihrer Reise in Deutschland bei jeder Filiale der Dresdner Bank für DM 3,85 erwerben können. Sie berechtigt zum unbeschränkten Besuch sämtlicher Museen, Galerien, Ausgrabungsstätten und hat ein Jahr Gültigkeit. Wenn Sie auf Ihrer Sizilienreise bei jeder dieser Stätten das obligate »Biglietto d'Ingresso«, die Eintrittskarte, kaufen, kommt dies bei weitem teurer. Beim Erwerb der Museumskarte erhält man ein vollständiges Verzeichnis aller staatlichen Museen. Montags sind die Museen geschlossen.
Lehrer, Schriftsteller, Journalisten, Schüler und Studentengruppen bekommen freien Eintritt zu allen Museen, wenn sie vier Wochen vor Reiseantritt ein schriftliches Gesuch an das für sie zuständige italienische Konsulat richten.

Notruf: Die Polizei ist in ganz Italien unter der Rufnummer **113** zu erreichen.

Öffnungszeiten: *Ladengeschäfte* meist von 8.30 bis 12.30 Uhr und von 15.30 oder 16.00 bis 19.30 Uhr. In Urlaubsorten haben die Geschäfte länger offen, oft auch an Sonn- und Feiertagen (vor allem die Souvenirläden).
Museen: Die meisten Museen sind von 9.00 bis 13.00 respektive 14.00 Uhr geöffnet, sonntags nur bis 13.00 Uhr. An diesem Tag ist der Eintritt frei. Montags stets geschlossen.
Siehe auch unter »Banken«.

Oper: Falls Sie zur Zeit der Opernsaison auf Sizilien sind (es ist dies der Winter, die Saison dauert meist von Dezember bis Juni), sollten Sie sich unbedingt eine Aufführung in Palermos »Teatro Massimo« ansehen – oder besser gesagt anhören. Die Oper besitzt Weltruf. Auch die Opernvorstellungen im »Teatro Bellini« von Catania sind ausgezeichnet. In der Sommersaison geben das Lombardenkastell von Enna und das antike Theater zu Taormina den festlichen Rahmen für Freilichtaufführungen großer Opern.

Pirandello, Luigi, geboren 1867 in Agrigent, gestorben 1936 in Rom. Dramatiker und Erzähler, Begründer des Teatro d'Arte, Nobelpreis

1934 (»Novellen für ein Jahr«, »Mattia Pascal«, »Sechs Personen suchen einen Autor«) – s. Seite 87.

Polizei: »Polizia Stradale« (Straßenpolizei) und »Carabinieri« (Gendarmerie) haben an allen Orten ihre Dienststellen und Hinweisschilder. Notruf 113.

Post: In einigen größeren Städten, z. B. in Agrigent, sind Hauptpostamt, Telefonamt und Telegrafenamt nicht nur in getrennten Gebäuden, sondern auch in verschiedenen Straßen und sogar Stadtteilen. Sie dürfen niemals mit einer bestimmten »Laufzeit« Ihrer Post nach Deutschland rechnen. Wichtige Briefe unbedingt als Einschreiben *(Raccomandata)* und Eilbrief *(Espresso).*

Postlagernde Sendungen (Fermo posta) werden nur an Hauptpostämtern ausgegeben.

Öffnungszeiten der Postämter sind unterschiedlich, meist von 9 bis 12 und von 15 bis 18 Uhr.

Briefmarken (Frankobolli) erhält man nicht nur auf Postämtern, auch in Tabakläden (Tabacchi). Dort sind auch die *Telefonmarken* (Gettoni) für die öffentlichen Fernsprecher zu haben.

Primavera siciliana: siehe unter »Anreise«.

Pupi nennt man die sizilianischen Marionetten (siehe Seite 64).

Quasimodo, Salvatore, geb. 1901 in Syrakus, gest. 1968 in Amalfi. Vertreter der »Poesia sociale« der italienischen Dichtung. Nobelpreis 1959.

Reisezeit: Die günstigste Zeit für eine Reise nach Sizilien ist das Frühjahr (etwa von März bis Mitte Juni) und der Herbst (September bis Anfang November). Verbilligte »Vor«- oder »Nachsaisonpreise« gibt es jedoch nur selten in den Hotels.

Riesi: Kleine Stadt in Innersizilien. Wurde zu einem Begriff für die vorbildliche Aufbauarbeit des von Tullio Vinay begründeten »Servizio Christiano«.

Rifugien (Schutzhütten), oft auch richtige Berghotels: Im Ätnagebiet »Rifugio Sapienza«, »Rifugio Albergo Mareneve« (1425m) und »Rifugio Sucai« (1589 m).
Im Madoniegebirge »Marini-Hütte« und »Piano degli Zucchi«.

Ristorante: Falls Sie sie noch nicht kennen sollten, hier die unterschiedlichen Bezeichnungen der verschiedenen Typen von Gaststätten: »Ristorante« entspricht unserem »Restaurant«, ist zumeist ein etwas teureres, auf Touristenbesuch zugeschnittenes Lokal. In der »Trattoria« geht es einfacher zu, die Küche ist aber fast immer ausgezeichnet, mit örtlichen Spezialitäten. Das gleiche gilt für die »Rosticceria«, einer Art Imbißstube, zumeist hat sie eine reiche Auswahl an Delikatessen. Die »Osteria« ist eigentlich nur eine »Weinschenke«, man kann sich dort auch etwas zum Essen mitbringen. Ein Schildchen »con Cucina« zeigt an, daß es hier auch eine warme Mahlzeit gibt.

Rundfunk *für Ausländer:* Im Sommer täglich um 7.30 Uhr die Sendung »Willkommen in Italien«. Dringende Mitteilungen an Italienreisende können in diesem Programm durchgegeben werden. Von 22.45 bis 6.30 Uhr morgens läuft die Nachtsendung »Notturno dall'Italia«, in die Nachrichten in deutscher, französischer und englischer Sprache eingeblendet werden.

Schiffslinien und Häfen (siehe auch unter »Anreise«): Die Passagier- und Fährschiffe der Reederei »Tirrenia« verbinden die wichtigsten sizilianischen Häfen (Palermo, Trapani, Catania, Syrakus, Messina) untereinander und mit dem Festland. Einige Linien fahren weiter nach Sardinien und Nordafrika. Die Schiffe transportieren auch Autos. Die alljährlich neu erscheinenden Fahrpläne der »Tirrenia«, und »Grande Traghetti«-Freccia Blu und Freccia Rossa, die in deutschen und italienischen Reisebüros aufliegen, geben über Abfahrts- und Ankunftszeiten und Preise ausführlich Bescheid.

Seebäder und Strände an allen Küsten der Insel, zum Teil mit Kabinen: *Lido Mondello* bei Palermo; die Bäder *Sferracavallo, Isola delle Femmine, Terrasini, Alcamo Marina, Lido San Giuliano* bei Trapani; Strand von *Porto Empedocle; Lido San Leone* unterhalb von Agrigent; Strand von *Falconara; Lido von Gela; Lido von Avola* bei Noto; *Lido di Fontane Bianche* und *Lido di Arenella* bei Syrakus; *Lido di Agnone* bei Augusta; *Lido la Plaja* von Catania; die zum Teil felsigen Bäder der *Riviera dei Ciclopi* (Acicastello, Acitrezza, Acireale), wo Holzstege und Treppchen zum Wasser führen; *Lido di Isola Bella, Lido Spisone* und *Lido Mazzaro* unterhalb von Taormina; Seebad *Letojanni; Lido di Mortelle* und die Strandbäder *Maregrosso* und *Ringo* bei Messina. Die Strände von *Milazzo,* von *Tindari,* von *Patti;* eine Reihe kleiner Seebäder wie *Torrenova, Sant'Agata, Aquedolci, Marina di Carroni;* der Strand von *Cefalù.* Seebad *Santa Flavia.* Strand von *Vetrana* bei Trabia – womit wir auf unserer Seebäderreise rund um die Insel wieder kurz vor Palermo gelandet wären. Diese Namensliste ist aber keineswegs vollständig.

Serpotta, Giacomo, ein hochbegabter »Stukkateur«, dessen anmutige Dekorationskunst um die Wende des 18. Jahrhunderts auf Sizilien hochgeschätzt war.

Sport: *Fischen:* Erlaubnis dazu wird durch die Provinzialverwaltungen erteilt. Geltungsdauer ein Jahr. Sogenannte Sondergenehmigung für Ausländer (für 6 Monate) kostet die Hälfte.

Jagd: Beim Konsulat des Heimatortes Jagdschein beantragen, bei Grenzübertritt abstempeln lassen, Gewehr mit 200 Patronen darf dann mitgeführt werden.

Reiten: Beim italienischen Reitsportverband »Fisi« anfragen: Rom, Viale Tiziano 70.

Segeln: Mitglieder ausländischer Segelklubs dürfen Jachthäfen benutzen, Landegenehmigung durch das zuständige Hafenamt (siehe auch unter »Anreise«).

Tennis und Golf: Beim örtlichen ENIT-Büro nachfragen.

Wintersport: Im Ätnagebiet und den Bergen der Madonie, der »Kletterschule« Westsiziliens. Wintersport dort auf den Schneefeldern des Piano delle Battaglia (1648 m). Unterkünfte: Marini-Hütte und Piano degli Zucchi, zwei Schutzhütten mit Hotelbetrieb (siehe »Unterkunft«). Im Ätnagebiet neun Kilometer Ski-Pisten und Schneefelder in etwa 3000 Meter Höhe (1. Seilbahnstation). Die »Funivia« verkehrt täglich von 8.30 Uhr bis Sonnenuntergang. Nähere Auskünfte durch ENIT-Catania.

Sprache: siehe unter »Dialekt«.

Souvenir: Sehr schönes sizilianisches Kunsthandwerk, aber auch viel Kitsch. Keramiken, Spitzen, Handstickereien, Web- und Flechtarbeiten, Schmuck aus weißen, rosa und roten Korallen, Ketten aus geschliffenem schwarzem Lavagestein; Bilder auf Papyrus (und Pseudo-Papyrus); echte und nachgeahmte Antiquitäten; Marionetten in allen Größen und Ausführungen; echte und imitierte Wände der buntbemalten sizilianischen Carretti und deren Nachbildungen in Miniatur. Seltene Muscheln; Gegenstände aus Kupfer; Originale und Nachahmungen antiker Vasen, Amphoren, Öllampen; alte Stiche und Drucke. Schallplatten mit echter und Pseudofolklore; gute Farbaufnahmen der berühmten Mosaike; die ausgezeichnet bebilderten (und dazu preiswerten) Kunstbände der Reihe »I Tesori« über Agrigent, Syrakus, die Cappella Palatina zu Palermo usw., desgleichen die Bände der Reihe »Paesi di Sicilia« des *Istituto Bibliografico Siciliano.*

Tabak und Zigaretten sind Monopol des Staates und in den Tabacchi – oder auch nur mit »T« gekennzeichneten Läden – zu kaufen.

Taxi verlangen einen Aufschlag für Nachtfahrten, bei Beförderung mehrerer Personen und größerem Gepäck.

Telegramme können nachts nur an Hauptpostämtern aufgegeben werden.

Touring Club Italiano: In seinem Verlag sind ausgezeichnete Straßen und Wanderkarten und äußerst detaillierte Italienführer (in italienischer Sprache) erschienen.

Trinkgelder gibt man (zusätzlich zu dem auf der Rechnung meist verzeichneten Bedienungsgeld) nach Grad der Zufriedenheit. Mit einem »Extra« läßt sich auch als unmöglich Deklariertes meist schnell und leicht ermöglichen.

Uhrzeit: Von Mai bis Ende September gilt für Italien »Sommerzeit«, die Uhr also um eine Stunde vorstellen.

Unterkunft: Ich rate Ihnen, sich den zuverlässigen amtlichen Hotelführer zu besorgen, »Annuario Alberghi Sicilia«. Sie erhalten die Broschüre kostenlos an allen Fremdenverkehrsämtern, der ENIT und EPT, in Deutschland, Österreich und der Schweiz bei den zuständigen Außenstellen.
Zu unterscheiden sind ausgesprochene Luxushotels und Hotels der Kategorien 1 bis 4 mit entsprechenden Preisen und Dienstleistungen. In kleineren Orten finden Sie »Locanden«, preiswert, aber wenig Komfort. Daneben gibt es »Pensionen«, die wiederum in drei Preiskategorien eingeteilt sind.
In ganz Süditalien, also auch auf Sizilien, gibt es in der 1. Kategorie die zu empfehlenden Jolly-Hotels. Zu den Grundpreisen der Hotels kommen noch 15 Prozent Trinkgeld, allenfalls Kurtaxen und Zuschläge für eventuelle Klimaanlagen oder Heizung.
Der »ACI« (Automobilclub von Italien) unterhält auf Sizilien Motels in: *Castellamare di Golfo* (Provinz Trapani), Staatsstraße Nr. 187, 41 km); *Enna,* Staatsstraße Nr. 121 (Via Caltanese, Wegkreuzung Misericordia); *Gela* (Provinz Caltanissetta), Staatsstraße Nr. 115, 262 km.
»Agip-Motels« gibt es in *Palermo* (Stadtteil Uditore; *Marsala* (Provinz Trapani), Ausfahrt nach Mazzaro del Vallo, Staatsstraße Nr. 115, 31 km; *Sciacca* (Provinz Agrigent), Via Figuli (Staatsstraße Nr. 115, 120 km); *Gela* (Provinz Caltanissetta), Ortsteil Gianelli, (Staatsstraße Nr. 117, 92 km); *Modica* (Provinz Ragusa), Corso Umberto (Staatsstraße Nr. 115, 339 km); *Syrakus,* Viale Terrocati, 2 R; *Randazzo,* (Provinz Catania), Via Regina Margherita (Staatsstraße Nr. 120, 184 Kilometer).

Veranstaltungen: siehe »Kalendarium« auf Seite 139.

Verga, Giovanni, geboren 1840 in Aci, gestorben 1922 in Catania, schrieb anfänglich historisch-politische Romane, in späteren Werken schilderte er die sozialen und wirtschaftlichen Verhältnisse und Zustände seiner Heimat. Er gilt als Hauptvertreter des italienischen

Verismus (»Meistererzählungen«, »Malavoglia«).

Vittorini, Elio, geboren 1908 in Syrakus, gestorben 1966. Kämpfte gegen den Faschismus. Als Schriftsteller Begründer des Neorealismus in Italien (»Gespräch in Sizilien«, »Offenes Tagebuch«, »Die Garibaldina«).

Währung: Landeswährung sind die Lire (L.). Zur Zeit (Stand 1977) größter Mangel an Kleingeld (10, 50 und 100 L.). Banknoten zu 500, 1000, 5000, 10 000, 50 000 und 100 000 Lire. Die beiden letzten Werte gelten nur in Italien selbst und werden von Banken im Ausland nicht eingewechselt.

Wein: Der römische Dichter Martial schrieb ein berühmt gewordenes Epigramm auf Siziliens »Mamertino«; kein Wunder, denn nach dem Volkssprichwort »macht der sizilianische Wein singen«: *fanno cantare*...
Die bekanntesten Sorten: »Faro« – von den Hängen der Peloritanischen Berge, ein ausgezeichneter rubinroter Tischwein. Zu dieser Kategorie gehören auch der »Corvo«, weiß oder rot, der gelbe »Albanello« aus der Gegend um Syrakus, der hellrote »Cerasuolo di Vittoria«, der liebliche zartgelbe oder bernsteinfarbene »Segesta«.
Herrlich die feurigen Ätna-Weine, »Etna-Rosso«, rotleuchtend wie ein Rubin, und »Etna-Bianco«, frisch und klar, »von der Farbe des Strohes«.
Den »Marsala« haben Sie vielleicht schon in Deutschland als Dessertwein kennengelernt. Zu dieser Sorte zählen auch die diversen »Moscatos«: der goldgelbe »Moscato Zucco« und die Muskatellerweine von Noto und Syrakus, nicht zu vergessen der bernsteinfarbene Moscato der Insel Pantelleria. Von den Liparischen Inseln stammt ein anderer vorzüglicher Dessertwein, der sanfte, blumige »Malvasia«.
Noch ein Tip, falls Sie Likör oder Branntwein schätzen: versuchen Sie den »Sambuca«, von den Einheimischen auch »Zambucco« genannt. Sie werden sich nach der Kostprobe vermutlich ein Fläschchen ins Reisegepäck stecken ...

Zollvorschriften: Ausländische Zahlungsmittel (Bargeld, Eurocheques, Reiseschecks) können unbegrenzt nach Italien eingeführt werden. Die Ein- und Ausfuhr italienischer Währung unterliegt Beschränkungen. (Siehe unter »Devisen«.)
Zollfrei importieren darf man: Reiseproviant für zwei Tage, eine Flasche Wein pro Person oder einen Viertelliter Likör, 200 Zigaretten (bzw. 50 Zigarren oder 250 Gramm Tabak); eine Kamera mit zehn Filmen, eine Reiseschreibmaschine, ein Fernglas, ein Tonbandgerät, ein Kofferradio, einen Plattenspieler und ein tragbares Fernsehgerät, für

die man eine kleine Gebühr zu entrichten hat. Machen Sie sich über diese Apparate eine Liste und lassen Sie diese beim Grenzübertritt abstempeln, zur Erleichterung der Formalitäten bei der Rückreise. Außerdem dürfen Sie einführen: ein Musikinstrument, z. B. eine Gitarre, zwei Tennisschläger, ein Paar Skier, Campingzubehör, ein Boot bis 5,5 m Länge und ein Fahrrad mit Hilfsmotor.

Falls Sie Ihren Hund oder Ihre Katze mitnehmen wollen, müssen Sie für diese vorlegen – ich zitiere den betreffenden Vermerk aus dem Informationsblatt des staatlichen italienischen Verkehrsamtes: 1. ein Ursprungszeugnis, 2. eine Gesundheitsbescheinigung, 3. ein Tollwutschutzimpfungszeugnis.

Bei der Ausreise dürfen Sie aus Italien alles wieder mitnehmen, was Sie eingeführt haben, ferner drei Liter Wein und drei Liter Sekt, Geschenke und Reiseandenken im Wert bis zu 500 Dollar. (Echte Antiquitäten oder Kunstgegenstände bedürfen einer Bescheinigung der »Sovraintendenza alle Belle Arte«, die Adresse erfahren Sie im jeweiligen ENIT-Büro.)

Kleiner Sprachführer

Guten Tag   Buon giorno
Guten Abend   Buona sera
Gute Nacht   Buona notte
Auf Wiedersehen   Arrivederci
Für Freunde und Teenager:
cioa *(tschau)*

Bitte   prego, per favore
Danke   grazie
ja   si
nein   no
Entschuldigen Sie   mi scusi

eins   uno
zwei   due
drei   tre
vier   quattro
fünf   cinque
sechs   sei
sieben   sette
acht   otto
neun   nove
zehn   dieci

Montag   lunedi
Dienstag   martedi
Mittwoch   mercoledi
Donnerstag   giovedi
Freitag   venerdi
Sonnabend   sabato
Sonntag   domenica

Januar   gennaio
Februar   febbraio
März   marzo
April   aprile
Mai   maggio
Juni   giugno
Juli   luglio

August   agosto
September   settembre
Oktober   ottobre
November   novembre
Dezember   dicembre

Links   sinistra
rechts   destra
oben   sopra
unten   sotto
geradeaus   diritto

Ich möchte etwas essen:
vorrei mangiare
Ich möchte etwas trinken:
vorrei bere

Bitte bringen Sie mir Wein (Bier, Wasser, Limonade, frischen Zitronen-[Apfelsinen-]saft) -
Per favore, mi porti di vino (birra, aqua, limonata, spremuta di limoni [aranci])!

Ich möchte zahlen vorrei pagare

Das ist zu teuer E troppo caro

Bitte geben Sie mir ein Zimmer mit Bad oder Dusche für eine (zwei) Person(en) -
Midia per favore una camera con bagno o doccia per una (due) persona (persone)

Wieviel kostet es? Quanto costa?

Wo finde ich das nächste Hotel? (die nächste Garage, Tankstelle, Bar)? -
Dove trovo il prossimo albergo? (la prossima autorimessa? Il distributora di benzina? Il bar?)

Bitte tanken Sie voll Super -
Mi dia il pieno di Super, per favore.

Bitte sehen Sie Luft, Kühlwasser und Öl nach!
La prego di controllare l'aria, l'aqua, l'olio!

Ich möchte ein Pfund Brot, Butter, Käse, Salami, ein Ei (zwei), eine Flasche Mineralwasser, Rotwein, Weißwein -
Vorrei mezzo chilo pane, burro, formaggio, salame, un uovo (due uova) una bottiglia di aqua minerale, vino rosso, vino bianco.

Ein Eis, bitte Un gelato, per favore

Wie spät ist es Che ore sono?

Wo finde ich einen Arzt? Zahnarzt?
Dove posso trovare un medico? dentista?

Gute Nacht! Schlafen Sie gut!
Buona notte! Dorma bene!

Nächstes Jahr komme ich sicher wieder!
L'anno prossimo tornero senzaltro!

Symbol und Wappen der Insel: Trinacria

Sizilien – gestern und heute

Darf ich Ihnen zu Beginn unserer Reise durch Sizilien einen kleinen historischen Überblick geben? Es sollen damit Ihre geschichtlichen Kenntnisse keineswegs angezweifelt werden, ergänzen Sie bitte meine kurzen Ausführungen mit Ihrem eigenen Wissen.
Sizilien - im Altertum nannte man es »Trinacria« oder auch »Triquetra«, die »Dreispitzige« - ist die größte Insel des Mittelmeeres. Mit dem 3280 Meter hohen Ätna - die exakte Höhenangabe wechselt jeweils nach großen Ausbrüchen - besitzt diese Insel nicht nur den höchsten Berg Italiens, sondern zugleich auch den größten noch tätigen Vulkan Europas. Der Ätna hat vierzig größere und über hundert kleinere Krater. Schwarze Lavatrümmer zeugen von der Gewalt des Giganten Typhon, der nach antiker Mythologie von Zeus unter dem Ätna gefangengehalten wurde. 1669 spaltete eine furchtbare Explosion den Gipfel in drei Teile und kostete Tausenden von Inselbewohnern das Leben.
Die wichtigsten Städte liegen fast alle am Meer oder nur wenig vom Meer entfernt: die Hauptstadt Palermo - Syrakus, das in der Antike eine Millionenstadt war - Catania, die »Tochter des Ätna« - Agrigent mit seinem Hafen Porto Empedocle - Messina, das im Jahre 1908 durch ein Erdbeben fast gänzlich vernichtet wurde, heute aber als modernste Stadt der Insel wieder aufgebaut ist.
Sicaner und Siculer waren die Ureinwohner Siziliens, das durch seine zentrale Lage und durch seine Fruchtbarkeit fremde seefahrende Völker zur Kolonisation lockte.
Um die Mitte des achten Jahrhunderts v. Chr. begannen die Griechen vor allem die sizilianische Südküste zu kolonisieren. Die grandiosen Tempelbauten von Segesta, Selinunt, Agrigent, Tindari zeugen noch heute davon, daß Sizilien ein Mittelpunkt griechischer Kultur gewesen ist. Große Wissenschaftler und Dichter des Mutterlandes hielten sich zeitweilig am Hofe der Tyrannen von Syrakus auf: Archimedes, der bei der Eroberung der Stadt umkam; Aischylos, der im Theater von Syrakus die »Perser«, eines seiner bedeutendsten Werke, selbst in Szene gesetzt haben soll und

zur Gründung der Stadt Aetna ein leider verlorengegangenes Drama schrieb, die »Aitnaiai«; Pindar, der einen Teil seiner Chorlyrik zum Preis der Olympiasiege sizilianischer Fürsten schrieb ...
Der Westen der Insel befand sich allerdings lange in der Hand der Karthager, bis die Römer, die eine zweite Großmacht im westlichen Mittelmeer nicht dulden konnten, in den drei Punischen Kriegen die Herren Siziliens wurden. Seit 241 v. Chr. galt die Insel als erste römische Provinz und Kornkammer Italiens.
Nach dem Ende des Römerreiches kamen Ostgoten und Vandalen. Von 523 bis 827 gehörte Sizilien zum byzanthinischen Reich. Danach, bis 1060, herrschten Sarazenen und Araber. In der zweiten Hälfte des elften Jahrhunderts wurde die Insel Besitz der Normannen. Die bisherigen Bewohner - Griechen, Araber, Juden und aus Oberitalien zugewanderte Italiener - befürchteten das Schlimmste. Aber die neuen Herren übten weitgehend politische und religiöse Toleranz. Der Staatskunst der Normannen gelang es, Probleme zu lösen, die das Altertum nicht gewagt hatte, in Angriff zu nehmen. Sie verbanden praktischen und nüchternen Weitblick mit Sinn und Vorliebe für Wissenschaften und Künste, wie ihre Paläste und Kirchenbauten bezeugen.
Eine weitere kulturelle Hochblüte erlebte die Insel unter den Hohenstaufen. Kaiser Heinrich VI. hatte Konstanze, die Tochter des Normannenkönigs Ruggero II., geheiratet. Ihr Sohn Federigo, der spätere Kaiser Friedrich II., erbte das sizilische Königreich von seiner Mutter. Er wurde der erste moderne Herrscher Europas, der »Verwandler der Welt«, schuf neue Gesetze und Verwaltungsformen und gab seinem sizilianischen Südreich ein neues Gesicht. Nach seinen eigenen Entwürfen entstanden Schlösser und Kastelle, er sammelte Gelehrte und Künstler um sich, seine Hofhaltung zu Palermo wurde ein Zentrum abendländischer Kultur, von dem weitwirkende Impulse ausgingen. Der italienische Historiker Guiseppe de Lorenzo schreibt: »Unter Federigos Regierung blühte während dreier Jahrzehnte der Humanismus gleich einer grünen Oase. Kunst, Gesetz, Wissenschaft und Weisheit gediehen in einem Licht, das dem des alten Hellas glich.«
Doch auch die Staufer waren nicht die letzten in der langen Reihe der Herren von Sizilien. Es folgte das Geschlecht der Anjou, dessen Herrschaft die Bevölkerung der Insel in einem blutigen Aufstand - der »Sizilianischen Vesper«, anno 1282 - wieder abschüttelte. Nach den Franzosen verwalteten spanische Vizekönige das Inselreich. Unter ihnen trennte es sich vom übrigen Italien und gehörte im Zuge seiner wechselvollen Geschichte Spanien und Savoyen, Österreich und den Bourbonen.

Erst im Jahre 1860 wurde es durch Guiseppe Garibaldi, der die Bourbonen stürzte, in das Vereinte Königreich Italien eingegliedert.
Sizilien war durch die Zeiten vor allem ein Agrarland. Der Mangel an Bodenschätzen - solange die Ölvorkommen noch nicht entdeckt waren - und eine ungünstige Infrastruktur verhinderten lange die Industrialisierung. Erst in den letzten Jahrzehnten ist diese fast gewaltsam über die Insel hereingebrochen. Die Investitionen, die nunmehr auf diesem Sektor geleistet werden, stehen jedoch in keinerlei Verhältnis zu jenen, die man der Landwirtschaft angedeihen läßt. Nach wie vor gibt es auf Sizilien eine Besonderheit der wirtschaftlichen Struktur. Nach wie vor existieren drei Gruppen: Großgrundbesitzer, Großpächter und der »Colon«, der kleine Pächter, der Bauer, der die mühselige Arbeit nach veralteten Methoden leisten muß. Im zweiten Drittel unseres Jahrhunderts wurde zwar damit begonnen, dem Colon auch etwas eigenen Boden zu geben, aber die schon lange in Angriff genommene Bodenreform und die Hilfe, die von der »Cassa di Mezzogiorno« der Landwirtschaft im südlichen Italien geleistet wird, hat bisher keinen grundlegenden Wandel schaffen können. Die Industrie, vor allem die Erdöl-Produktion, nimmt ungeahnten Aufschwung, in Augusta, Gela, Catania, Ragusa, Milazzo wachsen Bohrtürme und Raffinerien aus der Erde, während im Inselinnern die Bauern ihr Getreide noch mit Sicheln mähen, mit Hilfe von Maultieren und Eseln dreschen und von ihrer Behausung nicht selten zwei und drei Stunden weit reiten müssen, um irgendwo in der Campagna einen dürftigen, steinigen Acker zu bestellen. Handel und Industrie werden großzügig gefördert, Hochhäuser umschließen die Bezirke antiker Kultstätten. Selten erlebt der Reisende, der die Schönheiten der Natur und die Zeugnisse vergangener Epochen bewundern will, den Kontrast zwischen feudaler Vergangenheit, technischem Fortschritt und sozialem Elend so eindringlich wie in Sizilien.
Industrieanlagen, Stauwerke, Schnellstraßen werden gebaut, gewiß auch Schulen und Krankenhäuser, aber Sizilien bleibt weiterhin eines der ärmsten Gebiete Europas. Die Zahl der Analphabeten ist immer noch unverhältnismäßig hoch. Nach wie vor existiert die Kinderarbeit. Um nur ein Beispiel anzuführen: Überzeugen Sie sich, wie viele blasse Zehn- und Elfjährige in den Bars und Restaurants der kleineren Städte als billige Arbeitskräfte wie Erwachsene Kellnerdienste leisten, wobei die stets verzeichneten zehn oder fünfzehn Prozent Service nicht den überforderten, immer eifrigen Kindern zufließen. Sogar das heimlich zugesteckte »Extra« wird pflichtschuldigst dem Padrone oder der Padrona abgeliefert. Der Dienst als Hilfskellner ist dabei noch bei weitem weniger anstrengend als etwa die Arbeit in Werkstätten oder Fabriken.

»Sizilien kennen und lieben«, trotz Kinderarbeit und Kriminalität, die vor allem in den Großstädten herrscht, und der Mafia, die nach wie vor regiert, zumindest im westlichen Teil der Insel. Sie kennen gewiß das vielzitierte, etwas abgegriffene Sprichwort »Wo viel Licht ist, ist auch viel Schatten«. In Sizilien ist viel, sehr viel Licht . . . Vielleicht ist es mehr als jede andere Mittelmeerinsel ein »Land der Gegensätze«. Nicht umsonst ist der Ätna, der Schicksalsberg Trinacrias, zugleich auch ihr Symbol: Feuer und Schnee. Er schenkt Fruchtbarkeit und Vernichtung, auf seiner Lavaerde gedeihen die üppigen Orangenhaine, die von den glühenden Gesteinsmassen wieder vernichtet werden. Im Charakter der Inselbewohner liegen Zorn und Duldsamkeit, christliche Gläubigkeit und finsterster Aberglaube dicht beieinander, sind oft miteinander verbunden, Reichtum und Luxus stehen bitterster Armseligkeit gegenüber, Großzügigkeit der Raffgier.

Sizilien kennen und lieben . . . Sie müssen bei den Ärmsten der Armen seiner Bevölkerung anfangen, den Menschen, die man »die kleinen Leute« nennt. Sie werden bei ihnen Hilfsbereitschaft finden, Gastfreundschaft und menschliche Treue.

Ich möchte das Kapitel mit einem Zitat aus Lampedusas Roman »Der Leopard« schließen: »Wir Sizilianer sind von einer langen, sehr langen Führerschaft von Regierenden her, die nicht von unserer Religion waren, die nicht unsere Sprache sprachen, daran gewöhnt, uns mit Winkelzügen durchzuhelfen. Hätte man das nicht getan, so wäre man den Steuereintreibern aus Byzanz, den Emiren aus der Berberei, den Vizekönigen aus Spanien nicht entronnen. Nun sind wir einmal so, wie wir sind. . .«

Esel und Maultier haben sich auf Sizilien vom Auto nicht verdrängen lassen. Geduldig traben sie über die staubigen Straßen – hier in Caccamo vor dem Normannenkastell

Messina – die Eingangspforte

Die Stadt, die das Erdbeben verschlang

Wir sind mit dem Fährschiff über den *Stretto* gefahren, die etwa drei Kilometer breite Meerenge zwischen Reggio Calabria und Messina. Die riesigen *Traghetti* transportieren von Reggio Calabria die Eisenbahnzüge, von dem davorliegenden Städtchen Villa San Giovanni vor allem Autos vom italienischen Festland hinüber zur »Königin der Inseln«, deren Bewohner behaupten, sie wäre ein eigener Kontinent: »il luogo«. Nach einer Überlieferung der Antike haben zwar Sizilien und Unteritalien ursprünglich zusammengehangen, erst der Meeresgott Poseidon habe die Insel durch einen Stoß seines Dreizacks vom Festland abgespalten. Eine andere Sage berichtet, Herkules wäre über die Meerenge geschwommen. Der »Held aller Helden« dürfte dazu wesentlich mehr gebraucht haben als wir, die es dank unseres schönen weißen Schiffes in einer knappen Stunde schaffen. Das An- und Ablegen dauert dafür um so länger. Natürlich habe ich auch bei der diesmaligen Überfahrt wieder vergessen, nach Scilla und Charybdis auszuspähen, den »fürchterlich bellenden Ungeheuern« der Odyssee. Nun sind wir also auf Trinacria, der Insel, die sich in antiker Zeit das geflügelte Haupt einer Gorgo als Wappen wählte, umrahmt von Strahlen und drei laufenden Menschenbeinen. Die Stadt, in der wir jetzt gegen Abend vom Hafen aus einfahren, empfängt uns mit einer Dynamik und Turbulenz, die anfangs betäubt und verwirrt. Es scheinen hier keinerlei Verkehrsregeln beachtet zu werden: kreuz und quer rasen wildhupende Autos, überholen rechts, überholen links, ohne Zeichen zu geben. Die breite Uferstraße wirkt wie ein einziges Verkehrschaos, ihre linke Seite säumen riesige Häuserfronten, an der rechten sieht man zwischen Tankstellen und Buden zuweilen geruhsam einen Fischer hinter seinen Körben sitzen und »Frutti di mare« feilbieten. Zuweilen fährt ein Wagen nahe heran, bremst scharf, Fahrer oder Fahrerin kaufen schnell noch ihre Abendmahlzeit ein.
Von ihrer durch helle Lichtbündel angestrahlten Votivsäule aus überwacht die Statue der »Madonnina« das Treiben. Sie ist das Wahrzeichen und auch die Schutzpatronin Messinas und hat in dieser Eigenschaft vermut-

lich Unwahrscheinliches zu leisten. Die Stadt wiederum besitzt - oder besaß - ein ebenfalls unglaubliches Dokument: einen Brief, den angeblich die Madonna durch den Apostel Paulus an messinische Gesandte übermitteln ließ. Der Wortlaut des kuriosen Schreibens, das aus dem Jahre 42 nach Chr. stammen sollte, steht auf der Mariensäule im Hafen zu lesen: »Vos et impsam civitatem benedicimus« - Wir segnen euch und eure Stadt. Der Brief, der Jahrhunderte durch als Heiligtum im Dom aufbewahrt wurde, ist das Werk eines griechischen Fälschers, Constantin Laskaris, und stammt aus der zweiten Hälfte des fünfzehnten Jahrhunderts - was aber die Bewohner Messinas nicht daran hindert, alljährlich am 3. Juni ein Fest zu Ehren des wunderbaren Schreibens zu feiern . . .

Der Dom wurde - wie fast die ganze Stadt - bei dem großen Erdbeben von 1908 fast völlig zerstört und wieder aufgebaut. Bei den Luftangriffen des letzten Weltkrieges stand er, durch Brandbomben getroffen, drei Tage lang in Flammen. Dann wurde er, bis ins letzte Detail getreu, abermals neu aufgebaut. »Nicht einmal in den Vereinigten Staaten existiert ein Beispiel einer so vollkommenen und kolossalen Kopie«, schreibt Guido Piovene in seinem Italienbuch. Von dem ursprünglichen, alten Dom haben lediglich der Unterbau der Fassade, ein Fenster und das sehr schöne gotische Mittelportal die Katastrophen überdauert.

Nachdem Erdbeben und Bombardements das alte Messina größtenteils vernichteten, ist die neue Stadt mit ihren breitangelegten Straßen, weiten Plätzen und großzügigen Gartenanlagen zu einer der schönsten modernen Städte Italiens geworden. Ihre Häuser steigen terrassenförmig die Hänge der Peloritanischen Berge hinauf, über die eine Straße durch reizvolle Waldlandschaft zur Nordküste der Insel hinüberführt. Eine zweite, die Via Nazionale 113, läuft die Küste entlang. Ich möchte Sie auf unserer Reise hauptsächlich auf dieser Route, sofern wir nicht die teilweise schon fertiggestellten Autoschnellstraßen benutzen, rund um die Insel führen - wobei wir selbstverständlich auch Abstecher ins Innere Siziliens unternehmen.

Noch aber halten wir auf der Berghöhe oberhalb von Messina, von wo aus man »Zankle« überblicken kann, wie die Griechen einst ihre erste Siedlung wegen der sichelförmigen Gestalt des Hafens nannten. Ihren heutigen Namen erhielt die Stadt von den Messeniern, die später vom hellenischen Mutterland hierher zogen. Von Messina aus eroberte der Normannenkönig Roger die Insel, die damals zu weiten Teilen von den Arabern beherrscht war. Die Hohenstaufen liebten die Stadt, die nach ihrem Sturz ein Zentrum des Widerstandes gegen die Herrschaft der Anjous wurde.

Noch eine Bemerkung in Sachen Literatur: die Episode, die Schiller in seiner Ballade »Der Taucher« behandelt, hat sich bei Messina zugetragen.

Der von ihm nicht benannte König war Friedrich II., der gleichfalls ohne Namen gebliebene Taucher hieß Cola Pesce und stammte aus einem Dorf bei Messina.
Meine Reisekameradin und ich sprechen über diese historische Überlieferung, während wir, von Messina kommend, am Ufer des Tyrrhenischen Meeres entlang fahren. Eine Straße zweigt zu dem auf einer Halbinsel liegenden ehemaligen Fischerstädtchen *Milazzo* ab, von hier gibt es gute Schiffsverbindungen zu den Äolischen Inseln, über die in einem späteren Kapitel zu berichten sein wird. Seit wenigen Jahren verknüpft man mit dem Namen Milazzo - dem antiken Mylae, Schauplatz etlicher Schlachten, von den Punischen Kriegen bis zu Garibaldi - den Begriff eines der bedeutendsten Industriezentren Siziliens. Die funkelnden Lichter der riesigen Raffinerieanlagen verleihen des Nachts dieser Industrielandschaft das faszinierende Aussehen einer modernen Märchenwelt.
Wir lassen sie nicht »links«, sondern rechts von unserem Weg liegen und steuern dem nächsten, vorläufigen Ziel entgegen, einer ehemals großen, heute winzigen Stadt: Tindari.

Weitere Sehenswürdigkeiten in Messina und Umgebung

Sant'Annunziata dei Catalani: Aus dem 12. Jahrhundert stammende Normannenkirche (restauriert). Schönes Portal. Alte, ursprüngliche Apsis.

Orion-Brunnen von Giovanni Angelo Montorsoli aus dem Jahr 1547 auf dem Domplatz.

Astronomische Uhr (gleichfalls Domplatz), gilt als die größte der Welt. Um zwölf Uhr mittags Glockenspiel.

Denkmal des Don Juan d'Austria. Seine Flotte lief von Messina zu der berühmten Schlacht von Lepanto aus.

Museo Nazionale. Skulpturen, Gemälde, u. a. der Flügelaltar des bedeutendsten Malers von Sizilien, Antonello da Messina.

Milazzo: Die sogenannte »Città murata«, von Mauern umgebene Oberstadt. Normannisch-hohenstaufisches Kastell, Schauplatz historisch bedeutsamer Ereignisse. Der alte *Kuppeldom,* in dem keine Gottesdienste mehr abgehalten werden.

Tindari über den Wassern

Vento a Tindari,
Tindari mite ti so
fra larghi colli pensile sull'acque
dell' isole dolce del dio,
oggi m'assali
e ti chini in cuore . . .

(Ich kam nach Tindari,
Tindari zwischen den weiten Hügeln,
hängend über den Wassern
der lieblichen Götterinsel.
Heute bestürmst du mich, Tindari
und neigst dich zu meinem Herzen . . .)

SALVATORE QUASIMODO

Ich weiß nicht, woher es kam, daß das Wort »Tindari« seit langem einen fast magischen Zauber auf mich ausübte, vielleicht weil ich bei früheren Sizilienreisen das pittoreske Bergstädtchen niemals hatte aufsuchen können. Nun lag es auf unserer Fahrt entlang der Nordküste sozusagen »am Weg«. Tindari - es klingt wie eine Melodie, die von weither durch die Zeiten weht . . . Der Name soll auf die Tyndariten zurückgehen, die Söhne des Königs Tyndaros von Sparta. Wir kennen sie als das Dioskurenpaar Kastor und Pollux, ihr Bildnis findet sich auf vielen Münzen der antiken Stadt Tyndaris.

Wir kurven den Bergkegel empor, der das Städtchen mit der charakteristischen Silhouette der berühmten Wallfahrtskirche trägt. Denn das alte heidnische Tyndaris ist eine der großen christlichen Pilgerstätten Siziliens geworden. Am 8. September wallfahrtet die halbe Insel zur »Madonna negra«. Ich habe mir sagen lassen, daß in dem kleinen archäologischen Museum auf dem Ausgrabungsgelände der antiken Stadt eine Demeter-Statuette zu sehen sei, die in Haltung und Ausdruck der »schwarzen Madonna« ähnelte. In Sizilien ist Maria zur Reinkarnation der großen Muttergöttin der mediterranen Länder geworden, Demeter-Ceres zur christlichen Muttergottes.

Wir haben die Bergkuppe beinahe erreicht. Auf der einen Seite blaut der Kristall des tyrrhenischen Meeres. Unterhalb des Felsens von Tindari liegen auf dem durchsichtigen Spiegel lange gelbbraune Sanddünen, ein Phänomen, das sich nur an dieser Stelle der Insel findet. Auch an der eigentlichen Küste erstreckt sich ein langer feinsandiger Strand. Wir widerstehen

dem Verlangen, eine Baderast einzulegen, zuerst will ich Tindari sehen ... Neben uns wächst jetzt ein Mauerwerk aus der Erde, es soll der am besten erhaltene antike Stadtwall von ganz Sizilien sein. Denn das alte Tyndaris, eine Gründung von Syrakus und seinen mächtigen Tyrannen, war durch lange Epochen eine bedeutende Stadt, wie noch die Ausgrabungen bezeugen. Sie blieb dies auch während der Herrschaft der Römer und durch die ersten christlichen Jahrhunderte, schließlich wurde sie sogar Bischofssitz. Zur Zeit des Plinius hatte ein gewaltiger Felssturz einen Teil der Stadt in die Tiefe gerissen, im neunten Jahrhundert wurde sie von den Arabern weitgehend zerstört, im sechzehnten plünderte der berüchtigte Seeräuber Chaireddin Barbarossa, der Schrecken aller Mittelmeerinseln, die Stadt und brannte sie nieder. Nach allen diesen Heimsuchungen ist es verständlich, daß Tindari heute nur mehr aus wenigen Häusern, dem Klostergebäude mit seiner Kirche und dem Areal der erst zum kleinsten Teil ausgegrabenen antiken Stadt besteht.
Wir halten auf der Piazza vor dem »Santuario della Madonna negra«. Die große Terrasse vor der Kirche schenkt einen weiten Ausblick bis zu den Äolischen Inseln.
Nachdem man einen kleinen Hof überquert hat, kommt man zu der eigentlichen Wallfahrtsstätte, einer einfachen kleinen Kirche, die im Gegensatz zu dem ihr vorgelagerten Prunkbau steht. Die »schwarze Madonna« ist ein höchst eigenartiges Bildnis, keinem anderen vergleichbar, das ich bisher gesehen habe. Ein schmales, herbes, bläulich-schwarzes Gesicht, von einer fast schmerzlichen Strenge. In einer abschirmenden Bewegung birgt diese irgendwie urzeitlich wirkende dunkle Mutter ihr dunkles Kind. Ein Einwohner von Tindari erzählt mir später eine seltsame Geschichte. Eine Pilgerin, enttäuscht von diesem keineswegs »schön« zu nennenden Marienbildnis, hätte diese ihre Meinung auf dem Vorplatz der Kirche zu anderen Wallfahrern geäußert und über dem Gespräch vergessen, auf ihren kleinen Jungen zu achten. Er stürzte über den Felsen hinunter ins Meer. Da stiegen die weichen Sanddünen aus den Wassern empor, die wir vorhin gesehen hatten, und fingen den Kleinen unverletzt auf. Die geschmähte himmlische Mutter hatte der irdischen geholfen. Seit jener Zeit nennen die

Sonnendurchglühtes Gestein der Bogengänge
von »Tindari zwischen den Hügeln«

Bewohner von Tindari den Meeresteil unterhalb ihrer Stadt *il mare secco,* das trockene Meer.
Ich bekam noch eine andere lokale Überlieferung zu hören: Unterhalb des *Capo Tindaro* befinde sich eine große Tropfsteingrotte, in ihr habe vorzeiten eine Fee namens Donavila gehaust. Sie hatte die merkwürdige Passion, den jungvermählten Männern in der Hochzeitsnacht die Braut zu rauben. Ob dies aus Eifersucht oder aus Neid geschah, weil sie den Mädchen einen Ehemann mißgönnte? Oder ob die kluge Fee den Bräuten vielleicht die Enttäuschungen des künftigen Ehelebens ersparen wollte . . .?
Vielleicht geht der lange Zeit auf Sizilien üblich gewesene Brauch des Brautraubes auf jene Fata Donavila zurück.
Vorbei an den bunten Ständen der Andenkenhändler sind wir inzwischen die Straße zum Ausgrabungsgelände hinaufgestiegen. Es liegt in einem von einer Mauer umschlossenen Gebiet, aber auch außerhalb dieser Begrenzung finden sich noch überall auf den umliegenden Hängen weitere Reste der einstigen Stadt. Umherwandernd kommen wir zu dem ursprünglich griechischen, später von den Römern umgebauten Theater. Ein weiträumiger Hallengang mit steinernen Bögen, »Gymnasium« oder auch »Basilica« genannt, dürfte vermutlich ein Teil der römischen Agora gewesen sein. Das antike Tyndaris mit seinem Blick über Hügelgelände und Meer, über Ruinen, denen man beim besten Willen kein anderes Beiwort als »malerisch« geben kann, ist ein Platz, von dem man sich nur schwer zu lösen vermag. Ich nehme mir vor, bei meiner nächsten Sizilienreise länger in dem verwunschenen kleinen Bergnest zu bleiben. Es gibt hier ein komfortables Hotel, eine ehemalige herrschaftliche Villa in einem großen, etwas verwilderten Park. Ich werde über das Mare secco zu den Inseln des Windes hinübersehen, die Madonna negra und die Göttermutter Demeter besuchen, die sich beide so gleichen, und die Felsengrotte der Fee Donavila, der »Fata Morgana« von Tindari.

Das Judenfest von San Fratello

Von Tindari geht es die Via Nazionale 113 entlang weiter nach *Patti* – wo unsere bisher so gut ausgebaute Uferstraße ohne ersichtlichen Grund plötzlich während ihres gesamten Verlaufes durch das Städtchen in einen geradezu jämmerlichen Zustand gerät. Hoffen wir, daß sie bis zur Zeit, wenn Sie diese Zeilen lesen, bereits ausgebessert ist. So mußten wir leider davon Abstand nehmen, in Pattis *Duomo* das Grabmal jener Adelheid von Montfort aufzusuchen, die Gattin des ersten und Mutter des zweiten Normannenfürsten Roger gewesen ist.

Die aus langobardischem Geschlecht stammende Dame sehnte sich sehr nach ihrer Heimat und siedelte aus diesem Grund eine Anzahl ihrer Landsleute in mehreren Orten Siziliens an. Unter anderem in dem Städtchen *San Fratello* in den nebrodischen Bergen. Falls Sie vielleicht in der Woche vor Ostern unterwegs sind, biegen Sie von unserer Uferstraße kurz hinter Sant'Agata in die Via 289 ab. In den Kartagen erwartet Sie in dem unweit gelegenen San Fratello ein recht sonderbares Passionserlebnis. Auf dem Weg zwischen Patti und Sant'Agata können Sie sich zuvor noch in einer gastlichen Taverne stärken. Sie liegt links der Straße, ehe man Brolo erreicht und lockt nicht nur mit blitzblank gedeckten Tischen unter einer schattigen Pergola, sondern auch mit zu jeder Tageszeit frisch und schnell zubereiteten rustikalen Gerichten. Und einem köstlichen Wein - sofern Sie nicht der Fahrer des Wagens sind . . .
Also gestärkt können Sie der »Festa dei Giudei« in San Fratello entgegensehen. Vermutlich stellt sie in ihrer grotesken Form ein Relikt alter Mysterienspiele dar. Die Feiern und Prozessionen der Karwoche tragen - nicht nur auf Sizilien - zumeist ernsten und düsteren Charakter. Nicht so in San Fratello. Dort springen und lärmen am Gründonnerstag und auch noch am Karfreitag die als »Juden« phantastisch verkleideten Männer des Städtchens durch die Straßen. Jeder, der eine Trompete oder sonst ein lautstarkes Blasinstrument besitzt, läßt darauf durchaus nicht melodisch zu nennende Weisen erklingen. Die Dissonanzen entsprechen dem wilden Gehabe, dem Getöse und Geschrei, mit dem der männliche Teil der Einwohnerschaft von San Fratello den weiblichen in Angst und Schrecken versetzen will. Die Frauen und Mädchen des Städtchens symbolisieren nämlich ihrerseits die Frauen aus der Jüngerschaft Christi, die am Morgen des Ostertages das Grab des Herrn aufsuchen wollten und von den »Giudei« von diesem Gang abgehalten werden sollen. Die zeitliche Differenz zwischen den Ereignissen des Passionsgeschehens und des Auferstehungstages spielt keine Rolle. Je größer der Lärm, desto schöner das Fest, eines der sonderbarsten und wunderlichsten der Insel.

Bei den Töpfern von San Stefano di Camastra

Hinter Sant'Agata erreicht man einen Ort, der eigentlich nur ein einziger origineller Keramikladen zu sein scheint. Rechts und links der Straße, in den Nebengäßchen, und fast in jedem Haus entdeckt man eine mehr oder minder primitive Töpferwerkstatt, einen Keramikladen oder eine improvisierte »Ausstellung«, manchmal sind alle drei auch an einem Platz ver-

einigt. So hatte zum Beispiel früher ein Töpfer auf einem winzigen Hügel oberhalb der mitten im Ort gelegenen Kurve der Via Nazionale seine »Freilichtwerkstatt mit Verkauf«. Der bunte Sonnenschirm über dem Arbeitsplatz war ein ausgezeichneter Blickfang, ebenfalls die an Stangen hängenden oder auf Stellagen stehenden farbigen Keramiken. Man konnte zu dem Meister hinaufsteigen, der sich gerne bei der Arbeit zusehen ließ und vorführte, wie der Ton zerrieben, geknetet und auf einer Drehscheibe geformt wurde, die ein Pedal in Bewegung hielt. Der Brennofen war ein Teil des kleinen Wohnhauses, dessen vorderster Raum als Laden diente, angefüllt mit den bereits gebrannten, buntbemalten Krügen, Tellern und Vasen. So war es noch vor drei Jahren. Jetzt ist das Idyll verschwunden, neben seinen traurigen Resten steht ein nüchterner Zweckbau.
Natürlich kann man in den diversen Läden von Camastra die hübschen Keramiken noch immer preiswerter kaufen, als in den Städten. Als uns ein etwa dreizehn- oder vierzehnjähriger Lehrling die Dinge, die wir erstanden hatten, zum Wagen brachte, sagte er: »Ich möchte sobald wie möglich in eine Großstadt, am liebsten nach Germania!« Als wir ihm zu erklären suchten, daß bei uns in Deutschland jetzt ein »Stop« für Gastarbeiter wäre, schüttelte er traurig den Kopf. »Ich hätte mir bei euch so gerne ein Auto gekauft. Was kostet in Germania ein . . . Porsche?«
Damit ist in grotesker Form ein Phänomen angesprochen, dem man oft begegnet: auch der ärmste Sizilianer möchte eine »Macchina« besitzen. Man sieht noch immer viele Wagen mit deutschen Nummernschildern, die offensichtlich von Einheimischen gefahren werden. Sie haben sie aus Germania mitgebracht. In den abgelegensten Winkeln der Insel, vor den armseligsten Behausungen steht oft eine Macchina, darunter manche, die vermutlich bereits durch viele Hände gegangen ist. Aber sie fährt - wenn sie auch kein »Porsche« ist, von dem der kleine Töpferlehrling aus Camastra träumt.
Ehe wir von hier auf unserer Inselrundfahrt zu unserem nächsten Reiseziel Cefalù gelangen, kommen wir noch nach *Tusa*. Eigentlich gibt es zwei Orte dieses Namens: Das am Meeresufer gelegene Tusa mit seinem alten Schloß, in dessen Mauern die meisten Häuser des kleinen Ortes mit

Fischerhäuser am Hafen von Cefalu. Darüber der »Tetu«, der Kopfberg Monte Cephale. Auf seinem Gipfel haben Griechen, Sarazenen und Normannen ihre Spuren hinterlassen

eingebaut wurden. Und Tusa am Berg, zu dem unendlich viele Serpentinen emporführen. Ein uraltes Städtchen, das den Ehrgeiz hat, sich mit Vehemenz zu »modernisieren«. Als wir es aufsuchten, ging man eben daran, ganze Straßenzüge um die schöne Kirche niederzulegen. Zwischen den beiden Tusas liegt das Areal der einst bedeutenden antiken Stadt Alesia oder Alaesa. Über mehrere Hügel gebreitet, schlummern ihre Ruinen, zum größten Teil noch unausgegraben, tief unter der Erde. An einer Biegung unserer prachtvollen Panoramastraße - man kann, wenn man dazu Lust hat, an einem der nahen Sandstrände eine Badepause einlegen - taucht nunmehr die charakteristische Silhouette des *Cephale* vor uns auf, des Hausberges von Cefalù.

Immer wieder nach Cefalù

Liebeserklärung an eine kleine Stadt

Cephalos, der Kopf, wird der pittoreske Bergkegel genannt, nach dem das Städtchen zu seinen Füßen den Namen hat. »Nun fahren wir schon zum drittenmal rund um Sizilien, aber so gut wie hier hat es uns noch an keinem Ort gefallen!«, war nur eines der vielen positiven Urteile, die ich auch diesmal wieder bei meinem Aufenthalt in Cefalù hörte. Die kleine bunte Stadt hat sich, trotz des Touristenbooms, von dem sie nicht verschont blieb, weitgehend ihren Zauber, ihre Atmosphäre bewahren können: Cefalù mit seinen arabisch anmutenden Gäßchen . . . der hübschen Geschäftsstraße, die als Hauptverkehrsader der Stadt für den heutigen Verkehr natürlich viel zu schmal ist und deswegen zeitweilig kurzerhand für Wagen gesperrt wird, damit man auf dem *Corso Ruggero* promenieren kann, denn dieser Corso besitzt keine Gehsteige. Autos und Fußgänger bewegen sich nebeneinander her, langsam und ohne Hast, man lernt es, wenn man einige Tage im Städtchen ist. Wem diese Art, Schaufenster zu besichtigen und Einkäufe zu tätigen, allzu gefährlich erscheint, der rettet sich in das mit Topfpflanzen geschmückte, durch eine niedrige Steinbalustrade vom Straßenverkehr abgetrennte Vorgärtchen der Trattoria gegenüber dem Uhrturm, der immer die gleiche Stunde anzeigt: halb zwei . . . An bestimmten Ecken des Corso haben einige »fliegende Händler« unter Madonnen und Heiligenbildern ihre festen Stammplätze. Giorgo mit der langen Nase bietet seine Fische an, der alte Nuno seine Spitzen und Stickereien . . . Cefalùs alte Kirchen und Palazzi - auch sie haben ihren eigenen Charme. Sie gammeln vor sich hin, aber man entdeckt an ihnen stets neue, reizvolle Details, die man bisher nicht beachtete: einen Erker, ein hübsches Portal, einen geradezu aufregend herrlichen Fensterbogen - wie den des sogenannten *Osterio Magno.* Kein Wunder, das Haus soll einstmals ein Fürstensitz gewesen sein . . . Cefalùs kleiner Fischerhafen mit seinen bunten Booten: wenn man sich zur richtigen Stunde einstellt, kann man von einer erhöhten Terrasse aus das Ein- und Auslaufen der *Pescatori* beobachten. Eine nahe gelegene Taverne hat freundlicherweise den Altan mit kleinen Tischchen und einem Sonnendach versehen. Man könnte hier stundenlang sitzen, ohne etwas bestellen zu müssen. Das Lokal hat keinen Kellner ... Cefalùs *Museo Mandralisca,* der Stolz der Stadt: Es ist schon seit Jahren wegen eines »augenblicklichen Umbaus« geschlossen, wie ein Schild am Portal verkündet. Wem es gelingt, dennoch einzudringen, der steht staunend vor köstlichen Schätzen - antiken Münzen und Vasen, bemerkenswerten Gemälden. Das berühmteste Gemälde des Museums, das »Porträt eines Unbekannten« von Antonello da Messina, wie auch die wertvollsten Münzen, befinden sich noch im sicheren Tresor einer Bank.

Cefalùs Hauptanziehungspunkt: der größte und schönste Normannendom von ganz Sizilien. Mit Mosaiken, die den bekannteren der Kathedrale von Monreale oder der Capella Palatina zu Palermo in nichts nachstehen, Gestalten von Heiligen, Engeln, Propheten in leuchtenden Farben auf goldschimmerndem Grund. Antlitz und Augen des in der Apsis thronenden Christus Pantokrator wird so leicht kein Besucher vergessen. In den Querschiffen der alten Normannenkirche standen vormals die Sarkophage der Hohenstaufenkaiser Heinrich VI. und Friedrich II., ehe sie im Dom von Palermo Aufstellung fanden. Der erst vor wenigen Jahren renovierte, lange baufällig gewesene Kreuzgang ist zwar weniger prächtig als andere, aber er besitzt eine Stille und Anmut, in der es sich gut meditieren läßt. König Roger hat den Dom mit seinen beiden mächtigen, viergeschossigen Türmen in Erfüllung eines Gelübdes dicht unter dem Felskoloß des Monte Cephale erbauen lassen, zum Dank für Errettung aus einem Schiffbruch, berichtet die Überlieferung.

Auf der Höhe des Berges finden sich noch Reste der mittelalterlichen Normannenburg, die Mauern einer arabischen Festung, die Ruine einer frühgriechischen Kultstätte, der sogenannte »Tempel der Diana«, er wurde in byzantinischer Zeit zu einer christlichen Kirche umgestaltet.

Vor etlichen Jahren gab es auf diesem Berg noch etwas, das kaum ein anderer in Italien aufweisen konnte: einen veritablen Eremiten. Ich entdeckte Padre Salvatore bei meiner ersten Sizilienreise, er arbeitete in einem auf halber Höhe des Monte Cephale gelegenen kleinen Friedhof. Er trug

Der vermutlich letzte Eremit Siziliens, Padre Salvatore, freute sich über Gäste, die ihn in seiner Klause auf dem Monte Cephale besuchten

eine vielfach geflickte Kutte und auf dem Kopf ein blauweiß getupftes Tuch. Er hatte den kleinen Garten für »seine Kinder« angelegt, wie er die Angehörigen dreier Nationen nannte, die im letzten Krieg hier oben auf dem Berg, gegeneinander kämpfend, gefallen waren. Er hatte die Toten aufgefunden, in die Erde gebettet, auf ihre Gräber Blumen gepflanzt, für jeden ein Kreuz geschnitzt und ihre Namen in einem Heft vermerkt. Inzwischen wurden die Toten in ihre Heimatländer überführt. Zur Zeit, als ich Padre Salvatore kennenlernte, hauste er zufrieden in seiner kleinen Klause auf der Berghöhe, er hatte dort »alles, was er brauchte«, wie er versicherte. Dazu gehörten vor allem seine Bücher und ein Krug Wein. Seinen »Lebensbedarf« pflegte er einmal in der Woche unten in der Stadt einzusammeln, er wurde ihm bereitwilligst von allen Seiten herangetragen, wenn er auf seinem Eselchen durch die Straßen ritt. Bei dem Verkehr, der heute in Cefalùs engen Straßen herrscht, könnte Pater Salvatore dieses Unternehmen kaum mehr durchführen . . .

Wie ich bei meinem diesmaligen Aufenthalt erfuhr, ist der gütige und humorvolle Einsiedler vor etlichen Jahren zu seinem Ordensstifter San Francesco heimgegangen. Er hatte sich schon geraume Zeit vorher in sein kleines Stammkloster zurückbegeben. Als er merkte, daß es mit ihm »soweit nun wäre«, wie er sich ausdrückte, pflanzte er noch einen Orangenbaum und legte sich dann friedlich in seiner Zelle zu einem guten Sterben nieder.

Ich habe meinen stets fröhlichen »letzten Eremiten« einmal fotografiert und glaube, sein Bild gehört in ein Buch, das den Titel »Sizilien kennen und lieben« trägt . . .

Um wieder auf das Städtchen zurückzukommen, über dem Pater Salvatore jahrelang auf seinem Berg wie ein Schutzgeist hauste, wäre noch einiges ergänzend zu berichten. So gehört zu den Vorzügen Cefalùs zum Beispiel ein langer, feinsandiger Strand, der sich unterhalb einer ebenso langen Uferpromenade hinzieht. Das Wasser ist hier noch absolut klar und sauber. Am *Lungomare* gibt es auch einige gute Trattorien. Im schattigen Garten des »Ragno d'Oro« oder des »Gabbiano« kann man sich bei Speise und Trank von den Badefreuden erholen. Ein kleines, typisch sizilianisches Lokal – in der Fortsetzung des Lungomare – heißt »Da Filippo«. Die Padrona kocht, der Padrone serviert sizilianische Spezialitäten. Auch in der Stadt befinden sich einige gute Restaurants und Hotels. Darunter ein mit einem Swimming-pool ausgestattetes Luxushotel – das aber keines sein will und sich mit zwei Sternchen begnügt, vermutlich der Steuer wegen. Wer in der Stadtmitte, und dabei nur wenige Minuten vom Strand entfernt, logieren möchte, findet im »Hotel Artu« – einem ehemaligen, in einem

Garten liegenden Jolly-Hotel oder im »Santa Dominga« beste Aufnahme. Dann gibt es oberhalb der Stadt an der Straße nach Gibilmanna eine sehr kultivierte Pension. Die Inhaber sind Deutsche, das Haus heißt - wie könnte es anders sein - »Villa Germania«. In unmittelbarer Nachbarschaft öffnet sich ein Tor zu dem großen verwilderten Garten der »Villa Victoria«, die Besitzer zählen zu den angesehensten Familien der Stadt. Man kann sowohl in ihrer Villa als auch in einem in der Altstadt nahe dem Meer gelegenen Haus wie auch in einem etwa acht Kilometer von Cefalù entfernten Landhaus in der *Campagna* in bestens ausgestatteten Appartements als Gast der Familie Aufnahme finden. Etwas außerhalb der Stadt am *Torre Santa Lucia* stehen die malerischen, binsengedeckten Rundhütten eines Feriendorfes, des »Club Méditerranée« - mit Swimming-pool.
Sie werden zugeben, nach allem, was Sie jetzt gelesen haben, dürfte wohl der Reisende recht haben, dessen Urteil ich zu Beginn dieses Kapitels zitierte: »So gut wie in Cefalù hat es uns noch nirgendwo gefallen.«

Weitere Sehenswürdigkeiten in Cefalù und Umgebung

San Bagio und *San Domenico,* zwei aus dem 13. Jahrhundert stammende Kirchen.

Lavatorio Publico, aus den Felsen gehauener, mittelalterlicher Waschplatz, zu dem man von einer Gasse der Altstadt hinuntersteigt.

Museo Mandralisca, sobald dies wieder geöffnet wird. Alte Münzen, Vasen, Gemälde.

Castelbuono, erholsamer Ort in einem grünen Tal der Madonischen Berge. Burg der Grafen von Ventimiglia mit Kapelle. Grablege des Geschlechtes in der Kirche San Francesco. Polyptychon des 15. Jahrhunderts in der Matrice Vecchia.

Gangi, altes, eigenartiges Bergstädtchen. War einst Zentrum eines frühgeschichtlichen Mütterkultes. Bewohner leben zum Teil noch in Felshöhlen mit vorgebauten Hausfassaden.

Villagio Valtur, ein neues Ferienzentrum in Pollina in der Nähe von Cefalù, auf einem Kap erbaut. Swimming-pool und schöne Badebuchten.

Besuch am »Mannaberg«

Gibilmanna liegt etwa zehn Kilometer in den oberhalb von Cefalù liegenden Bergen. Der seltsame Ortsname leitet sich aus dem Arabischen her: »Gibil« ist eine Verformung des Wortes »Dschebel«, also »Berg«. Und »Manna« nennen die Sizilianer den Saft, der aus den Eschenbäumen gewonnen wird. Sie bedecken rundum den Berg, auf dem Kloster und Kirche von Gibilmanna liegen. Es ist ein altes Franziskanerkloster, das aber im siebzehnten Jahrhundert erneuert wurde. Vom Vorplatz blickt das steinerne Bildnis des »Poverello« weit über das zu seinen Füßen liegende grünblaue Land, weiße und rosenfarbene Büsche rahmen das Bild. Gibilmanna ist ein bezauberndes Fleckchen Erde. Falls Sie auf Ihrer Sizilienreise beim Besuch von Cefalù etwas Zeit erübrigen können, sollten Sie es unbedingt aufsuchen. Wenn es unten an der Küste zu heiß wird, flüchten die Bewohner der Cephale-Stadt in die stets frische, würzige Waldluft des »Mannaberges«. Bezaubernd ist auch das einzig richtige Wort für die barocke Madonnenfigur von Gibilmanna, eine Schöpfung des sizilianischen Bildhauers Antonello Gagini. Sie ist das genaue Gegenbild der strengen, dunklen Madonna negra, die wir in Tindari sahen, dem anderen großen Wallfahrtsort Siziliens. Denn auch Gibilmanna ist Ziel vieler Pilger, besonders am 1. September, dem Festtag der kleinen, anmutigen Maria in den Bergen der Madonie. Sie trägt ein festliches Brokatgewand, eine kunstvoll gearbeitete Krone und echten, goldschimmernden Schmuck. Wir sind mit unseren in Cefalù wohnenden Freunden nach Gibilmanna gekommen, sie haben ihr dreijähriges Söhnchen mitgenommen. Giuseppe sieht den Jesus-Knaben auf dem Arm der »schönen Dame«, die er beide für lebende Personen hält. Lautstark fordert er den himmlischen »Bimbo« auf, doch zu ihm herunterzukommen und mit ihm zu spielen. Wir haben Mühe, ihn daran zu hindern, daß er nicht selbst zu dem neuentdeckten Freund auf dem Altartisch hinaufklettert. Einige Andächtige sind empört. Der alte gütige Monsignore, den unsere Freunde in Gibilmanna besuchten – er ist ein berühmter Universitätsprofessor und Ehrengast des Klosters –, beruhigt die Frommen und erinnert sie lächelnd an die Worte des göttlichen Kinderfreundes: »Lasset die Kleinen zu mir kommen.« Die Entrüstung legt sich.

Antonello Gaginis Madonna von Gibilmanna, die »schönste im ganzen Land«

Unser gelehrter Cicerone führt uns weiter durch die Kirche, weist uns Bilder und Skulpturen. Aus dem früheren alten Klosterbau stammt noch ein sehr eigenartiger romanischer Kruzifixus, mit dem sich der Ursprung der Marien-Wallfahrt von Gibilmanna verbindet. Das aus Holz geschnitzte Bildnis des Gekreuzigten soll nach der Legende einst die Worte gesprochen haben, die dann in den Stamm eingegraben wurden, es ist ein altes Sizilianisch: »Qui governa - mia madre. Rivol getevi a lei.« Die Weisung des Gekreuzigten, sich unter den Schutz seiner Mutter zu stellen, die hier regiere, wurde durch die Jahrhunderte befolgt.
In der Sakristei werden für uns noch wundervolle handgearbeitete Paramente aus den hohen Wandschränken geholt. Während wir die mit Goldfäden durchwirkten Nadelmalereien bewundern, haben wir für kurze Zeit vergessen, den kleinen Giuseppe zu beaufsichtigen. Er hat sich inzwischen nutzbringend beschäftigt, wie sich später herausstellt. Als wir vor der Heimfahrt noch einen kleinen Abschiedstrunk in der hoch über dem Tal thronenden Trattoria halten, entdecke ich in meiner großen Basttasche ein mir völlig unbekanntes langformatiges Buch. Es ist das Merkbuch des Konvents, in dem die Messen verzeichnet sind, die von den Pilgern gestiftet werden. Unser »Bimbo« hat sich die wichtige Unterlage heimlich angeeignet und mir in die Tasche geschoben, die ich in der Sakristei abgestellt hatte. Wir bringen das gestohlene Gut schleunigst ins Kloster zurück. Fra Terence, der Sakristan, ist hocherfreut und belohnt den Dieb mit einem Säckchen Bonbons.
Beim nächsten Besuch in Gibilmanna dürfte daraufhin Giuseppe wieder etwas mitgehen lassen, es sei denn, daß man ihn mit dem *Bambino Gesù* spielen läßt . . .

Wo Herkules badete . . .

Zwischen Cefalù und Palermo gilt es, zweimal Station zu machen. Das erstemal in *Termini Imerese,* der Stadt, die schon von Pindar in einer Ode besungen wurde. Falls Sie - wie den römischen Dichter - der Rheumatismus plagen sollte, finden Sie in den warmen, radioaktiven Quellen Linderung Ihrer Beschwerden. Die »heilenden Wasser«, die freundliche Nymphen nach der Überlieferung eigens für den wegemüden Helden Herkules entspringen ließen, haben bis heute ihre Wirksamkeit bewahrt.
Oberhalb der Stadt Termini erhebt sich einer der berühmtesten Berge Siziliens, der *Monte San Calogero.* Man bezweifelt zwar, daß es einen Heiligen dieses Namens überhaupt gegeben hat, aber er wird auf der ganzen

In Bagheria tummelt sich über der einstigen Sommerresidenz eines fürstlichen Liebhabers grotesker Monstren die »Palagonische Raserei« (Goethe)

Insel verehrt und nicht wenige ihrer Bewohner tragen seinen Namen. Beinahe hätte ich es versäumt, Sie vor der Einfahrt nach Termini Imerese noch auf die berühmte antike Brücke aufmerksam zu machen – vollkommen erhalten und intakt, wölbt sie sich über ein breites ausgetrocknetes Flußbett. Damit die Stabilität des grazilen Bauwerkes nicht etwa von Fahrern gewichtiger Wagen auf die Probe gestellt wird, hat man vorsorglich dicht daneben eine zweite, allerdings weniger malerische, moderne Brücke errichtet.

Zur Zeit der Römer hieß die Stadt »Thermae Himerenses«, zuvor, bei den Griechen, »Himera«. Sie wurde bereits 648 vor Chr. von Zankle, dem alten Messina, gegründet. Im Jahre 480 v. Chr. war die Umgebung von Himera Schauplatz einer denkwürdigen und für das Schicksal der Insel entscheidenden Schlacht zwischen Griechen und Karthagern, die den Westteil Siziliens beherrschten. Als der karthagische Feldherr Hamilkar die Schlacht verlor, stürzte er sich zur Sühne in die Flammen des Opferfeuers. Die siegreichen Griechen aber erbauten zum Dank einen Tempel am Ufer des Flusses Himera - dessen Ruinen Sie noch heute besuchen können. Das Flüßchen trägt jetzt den Namen »Fiume grande« und bildet die Grenze zwischen Ost- und Westsizilien.
Von Termini Imerese aus führt übrigens eine neue, großartig ausgebaute Autobahn quer durch das Inselinnere über Caltanissetta und Enna nach Catania, eine andere von Palermo südwärts direkt nach Agrigent.
Falls Sie von unserem Herkules-Bad noch einen kleinen Abstecher in die Berge machen wollen, fahren Sie nach dem etwa zehn Kilometer entfernten, pittoresk gelegenen Städtchen *Caccamo* mit seinem malerischen Felsenschloß.
Etwas seitlich von unserer Küstenstraße, der Via Nazionale 113, liegen hinter Santa Flavia die Ruinen einer ursprünglich phönizischen, später römischen Stadt: *Solunto* - die Sie aber nicht unbedingt aufsuchen müssen. Unsere zweite Station zwischen Cefalù und Palermo aber machen wir auf den Spuren Goethes, in *Bagheria.* Falls Sie nicht mit dem Wagen unterwegs sind und mit dem Zug reisen: Bagheria ist Bahnstation.

Der Alptraum eines Fürsten

Das Städtchen ist berühmt durch seine prachtvollen Barockvillen, die sich die adeligen Familien Palermos hier inmitten ebenso prachtvoller Gärten als Sommersitze erbauten: die Villa Butera, die Villa Villarosa, die Villa Valguarnera. Die Villa Palagonia jedoch ist weniger berühmt als berüchtigt, ein »Palast der Monstren«. Die skurrile Laune des Fürsten, nach dem sie ihren Namen trägt, hat den an und für sich reizenden Landsitz mit bizarren Fabelwesen bevölkert, mit mißgestalteten steinernen Gnomen, Menschen, Ungeheuern. Die Skulpturen sind samt und sonders ein surrealistischer Alptraum und haben bereits Goethes Mißfallen erregt, als er im Jahre 1787 auf seiner Sizilienreise Bagheria besuchte. »Die Palagonische Raserei« nannte er die Ansammlung fürchterlicher Monstren und die Villa Palagonia selbst »ein Tollhaus«.

Heute sind die Gestalten verwittert, verwahrlost, wie der ganze, einstmals prächtige Sommersitz des palermitanischen Granden, wie der Garten mit seinen vertrockneten Fontänen und zerborstenen Marmorbänken. Auch die wenigen, nicht als »sculture grottesce« gestalteten Steinbilder von Heroen und Weisen haben zum Teil ihre Köpfe verloren. Die verblaßten Farben der Sonnenuhr vermögen keine Zeit mehr anzuzeigen, sie ist hier verlorengegangen. Wildwuchernder Pflanzenwuchs und blühendes Strauchwerk haben die Welt der steinernen Trolle auf Mauern und Balustraden überzogen, den Ungeheuern, die den Unwillen des Herrn Geheimden Rates erregten, viel von ihrer Häßlichkeit genommen. Die Villa Palagonia - eigentlich müßte sie die Bezeichnung »Schloß« tragen - mit ihren blinden oder mit Holzlatten vernagelten Fenstern, dem verwilderten Garten und den verwitterten Fabelwesen wirkt heute wie das verwunschene Reich eines alten, längst abgetretenen, seiner Macht beraubten Zauberers. Vielleicht schläft er aber auch nur - und verbirgt sich in der Gestalt eines riesigen schwarzen Katers, der sich uns mit gesträubtem Fell fauchend entgegenstellt, als wir etwas tiefer in den hinter der Villa gelegenen Gartenteil eindringen wollen. Wir geben unser Vorhaben auf und wandern zurück zum Hauptportal. Es wird an beiden Seiten von zwei der grotesken Monstren bewacht. Einer der steinernen Riesen schlägt die Hände über dem Kopf zusammen -: Ob er den jetzigen Zustand des alten feudalen Herrensitzes vorausgeahnt hat? Im Grunde nicht allzu verwunderlich in einer Stadt, die eine Straße namens »Via caputto« besitzt . . . Wir fahren weiter, der *Conca d'Oro* entgegen, der goldenen Muschel, in deren weitem Rund Siziliens Metropole gebettet liegt.

Inselkrone Palermo

Zeiten waren, die führten zu Sternen

»Die schöne, unermeßliche Stadt, die erhabene Hauptstadt der Welt«, nannte der vielgereiste arabische Weise Edrisi Palermo. Von den Phöniziern als Handelsniederlassung gegründet, von den Karthagern zu einer Festung ausgebaut, von den Römern zur Capitale ihrer Kolonie erhoben, nannten die Araber das bisherige »Panormus« - es bedeutet soviel wie »Allhafen« - nunmehr ihrerseits »Balerm«, woraus schließlich der Name Palermo wurde. Untrennbar ist der Glanz dieses Namens mit denen der großen normannischen Könige Roger und Wilhelm und dem des Hohenstaufenkaisers Friedrich II. verbunden.
Aber die Gegensätzlichkeit, unter deren Gesetz Sizilien steht, tritt auch in seiner Metropole augenfällig in Erscheinung. Lichtdurchflutete repräsentative Straßenzüge und Plätze, prunkvolle Kirchen und Paläste grenzen an verwahrloste Stadtviertel. Es wurde dort zwar viel niedergerissen in letzter Zeit, aber die schnell errichteten Hochhäuser dürften in diesen von Armut und Elend gekennzeichneten Gebieten bald wieder zu neuen Slums werden. In einem dieser Viertel lagen einstmals in riesigen, mit Teichen und künstlichen Seen geschmückten Gärten die normannisch-arabischen Lustschlösser der Könige: *La Zisa, La Cuba,* weiter westlich *Menani* und in einem anderen, südöstlichen Stadtgebiet die *Favara.* Heute sind jene Bauten, die einstmals als Wunderwerke erlesenen Geschmacks gepriesen wurden, nur mehr schwer aufzufinden und erkennbar.
La Zisa - El Aziz, die Herrliche - war bis vor einiger Zeit eine herabgekommene Mietskaserne. Auf einem mit Gestrüpp bewachsenen, von Schutt und Unrat bedeckten Hof öffnete sich unvermutet die ehemalige Brunnenhalle. An den erhalten gebliebenen Marmorsäulen waren noch die Goldbänder der Mosaiken zu erkennen, zwischen abgestelltem Gerümpel leuchtete das weiße Quellbecken, gekrönt von einem Mosaik, das Palmen, Pfauen, Jäger zeigte. In dem elenden Hof konnte man noch Spuren der Marmoreinfassung eines Teiches erkennen, Stufen, die einstmals zum

Wasser führten, über das reichverzierte Gondeln glitten... Das verwahrloste, innen völlig verbaut gewesene Lustschloß wurde inzwischen von Bewohnern geräumt, umfassende Renovierungsarbeiten sind im Gang. Das Betreten des Hofkomplexes ist untersagt. Mir ist es mit einiger Mühe gelungen, Einlaß zu finden, aber Gerüste und Leitern verwehrten den Blick zu bereits freigelegten Treppenaufgängen und Räumen, die wieder ihre ursprüngliche Gestalt erhalten sollen. Die Stadt Palermo will wenigstens eines der ehemaligen Landschlösser ihrer Könige interessierten Reisenden präsentieren können.
Es dürfte jedoch noch geraume Zeit dauern, bis es soweit sein wird. Die *Cuba,* ein ehemaliger Garten- oder Jagdpalast, ist zumindest in den Außenmauern erhalten, man darf diese jedoch nur aus ziemlicher Entfernung betrachten. Die Cuba – Schauplatz einer Novelle des Boccaccio – steht jetzt im Hof einer Vorstadtkaserne. Ein von Soldaten streng bewachter Schlagbaum hindert jedes Nähertreten.
Die *Favara,* einst als »Schloß aller Schlösser« gepriesen, liegt in einem anderen, südöstlichen Stadtgebiet Palermos. Der Lieblingsaufenthalt Friedrich II. war früher von drei Seiten von einem Teich umgeben, dessen Wasser neun Bäche speisten, die vom nahen *Monte Grifone* zu Tal flossen. Das Gebäude, in dessen Mauern die Reste des einstigen »Wunderschlosses« miteinbezogen wurden, wird heute »Castello di Mare dolce« genannt. Nur der Name bewahrt noch einen Nachklang jener fernen glanzvollen Zeit. Die Ruinen des kleinsten sarazenisch-normannischen Lustschlosses, der von König Roger bevorzugten *Menani,* lassen erkennen, daß es der Zisa ähnlich gewesen sein muß. Fragmente eines Brunnenraums, eines Quellbeckens, Fragmente von Gewölben, Säulen. Bei ihrem Anblick wird man an die Anfangsworte einer alten sizilianischen Canzone erinnert: »König Roger, du schläfst, verstummt sind deine Harfen, verklungen ist das Lied...«
Im Königspalast zu Palermo, dem *Palazzo Reale,* sind Glanz und Zauber jener längst versunkenen Welt bewahrt geblieben. In der »Stanza di Ruggero«, dem angeblichen Wohngemach König Rogers, schimmern die Mosaiken in einer Farbenpracht, die den Zeitraum von achteinhalb Jahrhunderten mühelos überdauerte. Die Schloßkapelle, die berühmte »Capella Palatina«, leuchtet wie ein einziger dunkelgrüner Juwelenschrein. Ein Zusammenklang von Farben und Ornamenten, von weißem Marmor und gleißendem Gold. Man ist stets aufs neue bezaubert, sooft man auch das »leuchtende Herz Palermos« aufsucht, wie die Palatina in alten Schriften genannt wird.
Über breite Treppen steigt man zu dem von Renaissancearkaden umgebenen Schloßhof hinunter, tritt auf den weiten, palmenbestandenen Platz vor

dem Königspalast - fast alle Plätze der Stadt sind Parks. Glocken rufen zum nahe gelegenen *Dom.* Auf seinem von Gittern und Steinbalustraden zur Straße abgegrenzten Vorplatz wacht mit anderen Heiligen auch Santa Rosalia, die Schutzpatronin Palermos, über ihre Stadt. Links von dem seitlich gelegenen jetzigen Haupteingang der Kathedrale sind die Grabstätten der normannischen und staufischen Herrscher. Der riesige rote Porphyrsarkophag Kaiser Friedrichs II. steht unter einem säulentragenden steinernen Baldachin - unauslöschbarer Eindruck von Würde und Majestät. Am Grabmal des »Verwandlers der Welt« ist alle Größe und alle Tragik einer Epoche beschworen, die einst das Schicksal des Abendlandes bestimmte, jener Traum vom Südreich, der in Leid und Dunkelheit, Blut und Tränen endete. »Zeiten waren, die führten zu Sternen - Zeiten kamen, die in Abgründe sanken«, heißt es in einem Lied König Enzios, des Lieblingssohnes von Friedrich II.

Als der Historiker Ferdinand Gregorovius vor diesem Kaisergrab stand, schrieb er in sein Tagebuch: »Was in dieses einzigen Mannes großer Seele, die alle Tiefen der Lust und des Leides menschlich erschöpft hatte, an genialen Kräften lag, ist ewiger Bewunderung wert. Große Impulse gingen von ihm aus, welche die Zeit weitertrug und noch in späteren Jahrhunderten zur Wirkung brachte. Weit über sein Zeitalter hinweg sprach er Ideen der Humanität, der Bildung, der Vernunft aus, welche die Welt erleuchteten.«

Friedrichs letzte Ruhestätte ist umgeben von einigen anderen Königsgräbern: Rogers II. - seiner Tochter Konstanze, der Mutter Friedrichs II. - seines Vaters, Kaiser Heinrichs VI. - und Friedrichs Gemahlin Konstanze von Aragon. Auf dem Deckel ihres Sarkophags ist eine der schönsten Grabinschriften zu lesen, die ich kenne: »Sicaniae regina fui Constantia coniunx augusta hic habita nunc Frederice tua« - Ich war Siziliens Königin Konstanze, Gattin des Kaisers; wohne nun hier, o Friedrich, die Deine . . .

Vereinzelte Beter knien vor den Gräbern. Doch auch die Touristen, die in dem riesigen Dom durchaus nicht immer gedämpft sprechend umherwandern, verstummen vor dem Grabmal Friedrichs von Hohenstaufen

Rote Kuppeln, Palmen, Ruinen eines Kreuzganges. Der verwilderte Garten des einstigen Klosters San Giovanni degli Erimiti zu Palermo

wie unter einem unabweisbaren inneren Zwang. Der Bann, die Faszination, die der Lebende ausstrahlte, geht auch von dem Toten noch aus. Wenn man die Domgegend weiter durchstreift, wird man unversehens ins Morgenland versetzt: Über Palmen, Zitronen- und Magnolienbäumen steigen hinter einer Mauerfront rosenfarbene Rundkuppeln auf. Es sind die Türme von *San Giovanni degli Erimiti,* einem Kleinod normannisch-byzantinischer Baukunst. Im Ruinenkreuzgang des einstigen Klosters blühen Sträucher, ranken sich Schlinggewächse um weiße Säulenpaare, huschen grünschillernde Eidechsen zu einer alten Zisterne. Eine kleine verzauberte und verzaubernde Oase inmitten der lärmenden Großstadt Palermo.

Vollends ein Märchen aus dem Morgenland erwartet uns in einem weiteren Kreuzgang: Goldblitzende Mosaikbänder um Säulenpaare, jedes Kapitell trägt andere Ornamente, anderen figuralen Schmuck. Welche Fülle an bildnerischer Phantasie ist in dem weiten Geviert eingefangen, das den Garten wie ein schimmernder Säulenwald umgibt. Die Zisterne ist hier zu einem prunkvollen arabischen Brunnen geworden, drei Arkaden zu jeder Seite. Flügelschlag von Tauben, die schwirrend zu dem Wasser herunterstoßen, sich am Brunnenrand niederlassen. Wir sind in *Monreale,* dem vielleicht schönsten Kreuzgang Siziliens.

Die Normannenkönige besaßen auf dem etwa zehn Kilometer oberhalb von Palermo gelegenen Höhenzug einen Jagdpark. Nach diesem erhielt der Berg seinen Namen – Monte Reale. Eines Tages erschien die Madonna dem schlafenden König Wilhelm II. und wies ihm in seinem Traum einen Schatz, den er »zur Ehre Gottes verwenden sollte« – erzählt die Legende. Der Schatz wurde tatsächlich aufgefunden. Aus dem Traum des Königs erstand ein neuer Traum: Dom und Kloster von Monreale. Alle Wände der Kathedrale sind von Mosaiken bedeckt. In leuchtenden Farben auf goldenem Grund wird die Schöpfungsgeschichte erzählt, sind Szenen aus dem Alten Testament, dem Leben Jesu und der Apostel gestaltet.

In der Apsis das riesige Bild des Pantokrator, ähnlich in Ansicht und Haltung dem an gleicher Stelle thronenden Welterlöser des Domes von Cefalù.

König Wilhelm hatte in das Kloster, das er an der Südseite seiner Kathedrale errichten ließ, Benediktinermönche vom italienischen Festland berufen. Auf seiner Reise durch Sizilien besuchte auch Goethe Monreale und war bei den Mönchen zu Gast. Er scheint aber weder von der Wunderwelt der Mosaiken, von den herrlichen Bronzeportalen des Domes noch von dessen baulicher Konzeption, auch nicht von dem traumhaft schönen Kreuzgang beeindruckt gewesen zu sein. Das einzige Kunstwerk, das er in

Monreale in seinem Tagebuch vermerkte, ist das Bild einer jungen Göttin auf einem kleinen Medaillon, das ihm die Mönche zeigten. Dafür war er um so begeisterter von einem Kunstwerk auf einem Monreale benachbarten Berg - dem Monte Pellegrino.
Bevor wir dem Herrn Geheimden Rat dahin folgen, möchte ich Ihnen eine kleine Orientierungshilfe für Ihre Stadtbesichtigung geben, sofern Sie sich nicht im Touristenbüro - siehe Kapitel »Sizilien zum Aufblättern« - einen Stadtplan besorgt haben: Sie können sich stets an dem Platz »Quattro Canti« orientieren. Er liegt genau am Schnittpunkt der beiden Hauptverkehrsadern von Palermo: der von Nordost nach Südost laufenden Achse, die durch die ineinander übergehenden Straßen Via Liberta, Ruggero Settimo, Via Maqueda und Via Oreto gebildet und sozusagen senkrecht von dem *Corso Vittorio Emanuele* an dem »Quattro Canti« durchschnitten wird. Ganz in der Nähe dieses Platzes finden Sie die *Piazza Pretoria* mit einem schönen Barockbrunnen und die beiden Kirchen *La Martorana* und *San Cataldo,* die Sie sich ansehen sollten. Sie stehen auf der *Piazza Bellini,* in den Räumen des ehemaligen Bellini-Theaters ist jetzt eine empfehlenswerte Trattoria . . . Doch zurück zu dem »Quattro Canti«: der ihn kreuzende lange Corso Vittorio Emanuele - zugleich die älteste Verkehrsstraße von Palermo, auch »Cassaro« genannt - endet an seinem »unteren« Teil am Meer, an der *Porta Felice.* An seinem »oberen« Ende liegen Dom und Königspalast, in der Nähe auch die Kirche *San Giovanni degli Erimiti.* Der Corso Vittorio Emanuele setzt sich hinter der *Porta Pisana,* einem riesigen alten Torturm des *Palazzo Reale,* fort. Er heißt dann *Corso Calatafimi* und führt nach Monreale; an diesem seinem zweiten Abschnitt liegen auf der linken Seite die Cuba, im Stadtviertel rechts die Zisa und das Kapuzinerkloster mit seinen berühmten Katakomben, über die noch zu berichten sein wird. Falls Sie auf dem langen und heißen Corso Hunger verspüren, wird dieser in den kühlen Räumen der Trattoria »Cavallino d'Oro« gestillt. Sie wollen noch ein paar »typische Restaurants« genannt bekommen? »Il Carretto« in der Via Lincoln und »Birreria Flanigan« in der Via Notarbartolo. Aber nun mit Goethe zu Palermos Hausberg und Wahrzeichen, dem Monte Pellegrino.

Goethes »schönes Frauenzimmer«

». . . ein schönes Frauenzimmer erblickt ich bei dem Schein einiger stiller Lampen. Sie lag wie in einer Art von Entzückung, die Augen halb geschlossen, den Kopf nachlässig auf die rechte Hand gelegt, die mit vielen Ringen geschmückt war. Ich konnte das Bild nicht genug betrachten, es schien mir ganz besondere Reize zu haben. Ihr Gewand war aus einem vergoldeten Blech getrieben, welches einen reich von Gold gewirkten Stoff gar gut nachahmt. Kopf und Hände von weißem Marmor sind, ich darf nicht sagen, in einem hohen Stil, aber doch so natürlich und gefällig gearbeitet, daß man glaubt, sie müßte Atem holen und sich bewegen.«

Die von dem Herrn Geheimden Rat also Geschilderte ist die Heilige Rosalia, richtiger gesagt: ihr steinernes Abbild in der Grotte des *Monte Pellegrino,* in der das Urbild einst als Einsiedlerin lebte. Eine sehr jugendliche Eremitin, denn nach den Chroniken hat Rosalia den väterlichen Hof bereits mit vierzehn Jahren verlassen, um vor der Welt zu fliehen. »Hof« bedeutet in diesem Falle nicht etwa einen Bauernhof, Rosalia war eine Herzogstochter und Nichte König Rogers von Sizilien. Sie muß um das Jahr 1170 noch in jungen Jahren in ihrer Grotte gestorben sein. Ihre Gebeine wurden erst Anno 1624 aufgefunden. Als man sie in die Stadt Palermo hinunterbrachte, erlosch dort augenblicklich die Pest, die damals in der Hauptstadt Siziliens und ihrer Umgebung wütete. Daraufhin erkor Palermo die kleine, längst verstorbene Rosalia zu seiner Schutzpatronin. Die Stadt feiert ihr Andenken alljährlich am 4. September mit einem großen Fest, mit Feuerwerken und einer prächtigen Prozession, bei der Tausende zu der Grotte am Monte Pellegrino pilgern - zu Fuß und mit den buntbemalten zweirädrigen *Carretti,* mit Personenwagen und Omnibussen.

Auch wer nicht an diesem Tag die Höhle aufsucht - sie ist inzwischen zu einer Kirche umgewandelt worden -, kann nicht mehr, wie weiland Goethe, in stiller Bewunderung vor dem gläsernen Schrein verweilen, in dem das Abbild der jungen Einsiedlerin ruht. Es herrscht zu jeder Tageszeit großer Betrieb » bei Rosalia«, wie die Palermitaner sagen, die auf recht vertrautem Fuß mit ihrer sozusagen »hauseigenen« Heiligen stehen. Die Besucherströme reißen das ganze Jahr über nicht ab. Die *Santuzzina,* die kleine Heilige, ist nicht nur die am meisten verehrte, sondern auch die geliebteste Heilige von Sizilien. Rosalia erhält viele Geschenke und Votivgaben, als Dank für wunderbare Heilungen, Genesungen, Rettungen aus Gefahren. Sie erhält sogar Geldstücke und Geldnoten als Zeichen der

Ein Märchen aus dem Morgenland: der Kreuzgang von Monreale. Goldblitzende Mosaikbänder an Säulenpaaren, ihre Kapitelle sind ein steinernes Bilderbuch

Anerkennung dankbarer Seelen. Die im Schein der Kerzen glitzernden Metallmünzen liegen rings um ihren Altar verstreut und auch innerhalb des gläsernen Altarschreines - vermutlich kann man sie durch einen geheimen Schlitz hineinbefördern.

Das eigentliche *Santuario,* die zur Kapelle umgestaltete Höhle, ist nach oben offen, auf dem grauen Fels liegt gleißendes Sonnenlicht, darüber leuchtet der azurblaue Himmel - ein farbenprächtiges Bild. In der heiligen Grotte herrscht keineswegs die ihr gebührende Stille. Die Mahnung »Silencio«, die auf vielen Schildern zu lesen ist, wird kaum beachtet. Die Verehrer von Santa Rosalia unterhalten sich laut und ungeniert, und keineswegs nur immer über religiöse Dinge. Drei alte schwarzgewandete Frauen knien stumm vor dem gläsernen Schrein, sie weinen. Auf dem Altar liegt jetzt ein weißer Brautschleier, der Wind, der durch die Höhle streicht, bewegt das feine Gespinst.

Durch das offenstehende Portal der Kirchenfront, die der Grotte vorgebaut ist, dringen Musikklänge - aber nicht etwa Pilgerlieder. Der Musikautomat des naheliegenden Ristorante spielt fortissimo die Melodie von »El Condor pasa«. Vor den Buden und Ständen der Devotionalienhändler mit ihren grellbunten Ansichtskarten, den Rosenkränzen in allen Ausführungen und Preislagen, den wenig schönen Miniaturnachbildungen von Goethes »schönem Frauenzimmer« drängen sich die Andenkensüchtigen. Arme kleine Rosalia, was ist aus deinem Zufluchtsort geworden, zu dem du vor den Menschen flohst? Ein Jahrmarkt . . . Die Pest konntest du von deiner Stadt bannen, den Geist »religiösen Business« von deinem Sanktuarium fernzuhalten, wird dir kaum gelingen. Vielleicht trösten dich die drei weinenden Alten. Und der aus der starren grauen Felswand deiner Grotte wachsende kleine Feigenbaum.

Wenn man vom Rosalienberg auf der schönen Panoramastraße talwärts gleitet - ob mit dem eigenen Wagen oder einem der vielen zum Monte Pellegrino fahrenden Autobusse -, kommt man zu Palermos geliebtem Seebad *Mondello.* Sie brauchen jedoch, um seinen Strand zu erreichen, nicht erst über den Berg zu fahren. Es führt auch eine direkte Autoschnellstraße hinter dem Rücken des »grauen Riesen« entlang, am Park der Favorita vorbei, direkt nach Mondello - und von dort noch zu einigen weiteren, kleineren Seebädern, nach *Sferracavallo* zum Beispiel oder nach *Isola delle Femmine.* In Mondello empfangen Sie gepflegte Anlagen, die Uferpromenade wird jedoch immer turbulenter, je weiter sie führt. An ihrem westlichen Ende gibt es Restaurants und Imbißstätten und ein neuerbautes Hotel, das allen verwöhnten Ansprüchen Rechnung trägt. Es besitzt ein eigenes Strandbad, auch einen Swimming-pool im großen

Gartengelände. Ein alter Turm, an dem man vorbeispaziert, wenn man zum Badeparadies gelangen will, gab dem Hotel den Namen »La Torre«. Der Direktor spricht - obwohl er Grieche ist - auch Deutsch, dazu natürlich Italienisch, aber auch Englisch, Spanisch, Französisch und vermutlich noch etliche andere Sprachen. Er wird Sie nach Ihrer Ankunft zu einer der Aussichtsterrassen führen. Man hat von ihnen einen schönen Blick über die Bucht hinüber zum Monte Pellegrino. Schicken Sie einen Gruß zu Goethes Rosalia hinauf, im Namen des Herrn Geheimden Rates . . . Wenn Sie aber in der Stadt wohnen wollen - nur ist es dort lauter als in Mondello -, sind Sie im »Jolly-Hotel« gut aufgehoben, wie in jeder Herberge dieses Namens. Vielleicht haben Sie in der Via Maqueta das »Bristol« gesehen? In der Via Vincento Erranto trägt ein gutes Hotel den Namen der Schweizer Besitzer: »Sauseli«. Im übrigen gibt Ihnen der Hotelführer, den Sie im ENIT-Touristenbüro erhalten, erschöpfend Auskunft. (Siehe Abschnitt »Sizilien zum Aufblättern.) Auf jeden Fall wünsche ich Ihnen nach unseren anstrengenden Rundgängen »Gute Nacht« . . .

Palermitanischer Totentanz

Die Vergänglichkeit alles Irdischen wird uns in Palermo an zwei Stätten eindringlichst vor Augen geführt. Durch das großartige Totentanz-Gemälde, das ein unbekannter Meister des 15. Jahrhunderts für den *Palazzo Scalafani* schuf, der zu jener Zeit in das »Ospedale Maggiore« Palermos umgewandelt wurde. Der »Triomfo del Morte« hängt jetzt in der Sizilianischen Nationalgalerie, dem ehemaligen *Palazzo Abbatelli.* Der Triumph des Todes wird uns noch unmittelbarer und weit makabrer im alten Kloster der Kapuziner präsentiert. In seinen teils unterirdischen, teils mit weitbogigen Fenstern zum Klostergarten geöffneten Gängen ist der wohl seltsamste »Convento« untergebracht, den es in Europa gibt: In dreifachen, übereinander geordneten Reihen sitzen hier seit Jahrhunderten die Palermitaner versammelt, die nicht auf die übliche Weise begraben werden wollten oder deren Angehörige diese Art der Bestattung erwirkten. Die Toten wurden hier »beigesetzt«, in des Wortes vollster Bedeutung - geistliche und weltliche Würdenträger, Patrizier und Bürger, Kaufherren und Handwerker, Ärzte und Rechtsgelehrte, Damen der Gesellschaft und brave Hausmütter, Kinder und Greise. Die Luft der katakombenähnlichen Gewölbe hat ihre Gestalten ausgedörrt, aber ihre Gesichtszüge sind zum Teil erhalten geblieben. In Mönchskutte und Priesterrock, in Uniform oder schwarzer Amtsrobe, in verblichener Seide und verschossenem

Samt gekleidet, oder nur in grobes Sackleinen genäht, sitzen oder lehnen die längst dahingegangenen Bewohner des alten Palermo in dieser makabren Versammlung. Zu Hunderten, zu Tausenden hocken sie zu beiden Seiten der langen Gänge, mit schief zur Seite gesunkenem oder nachdenklich gesenktem Haupt, mit starrenden Augenhöhlen oder erloschenen Augen. Manche scheinen in eifrige Gespräche vertieft und neigen sich einander zu, andere meditieren für sich allein. Vertreter jeden Alters, jeden Geschlechtes und Standes sind hier vertreten. Ein kleines Pappschildchen, oft kaum noch leserlich, hängt auf ihrer Brust mit Namen, Geburts- und Todesdatum. Manche der starren Hände halten einen Rosenkranz, ein Gebetbuch, ein paar vertrocknete Blumen, die ihnen die Nachfahren bringen, wenn sie einmal ihre längst verstorbenen Familienmitglieder besuchen. Ein General der Zeit Garibaldis ruht vom Kampf um Italiens Einigung aus, in seiner Nähe ein »Celebre chirurgo«, ein berühmter Chirurg der Universität, verraten die Namensschilder. Wie soeben eingeschlummert liegt ein etwa dreijähriges Mädchen mit blondem Lockenhaar, jede Wimper ist auf der zarten Wange zu sehen. Vor etwa fünfzig Jahren hat die kleine Rosalia hier ihren Platz gefunden.

Seit der Mitte der dreißiger Jahre ist die Beisetzung im *Convento dei Capuzzini* verboten. Man müßte im Grunde diese Schaustellung des Todes überhaupt einstellen. Denn manche Besucher der Katakomben verhalten sich hier durchaus nicht, wie es sich gebührt. Würden sie auf einem Friedhof lachen, schreien, sich amüsieren? Sie spotten über die armen, zusammengesunkenen Gestalten, über ein verzerrtes Mumiengesicht, über weiße Knochen, die in zerfallenden Filzpantoffeln stecken. Die stumme Mahnung »Was ihr seid, sind wir gewesen, was wir sind, werdet ihr einst sein«, scheint diese Art Menschen nicht zu erreichen. Die Toten, die sich nicht dagegen wehren können, sind erbarmungslos der Neugier, der Sensationslust jener ausgeliefert, deren Verhalten grausiger wirkt, als der ganze stumme Konvent. Wer keine Achtung vor dem Tod besitzt, hat auch keine vor dem Leben. Bei meinem letzten Aufenthalt in Palermo war es noch verboten, in den Katakomben zu fotografieren. Heute werden Farbaufnahmen ganzer Gruppen oder einzelner der mumifizierten Leichen an den Souvenirständen Palermos verkauft – und finden Absatz. Unsere Zeit

Makabre Schaustellung der Toten des Kapuzinerkonvents von Palermo. Ergeben senken sie ihr Haupt . . .

versteht es, auch aus dem Tod ein Geschäft zu machen. Welcher Art mögen wohl die Menschen sein, die solche Ansichtskarten als lieben Gruß in die Heimat schicken?
Wenn ich Ihnen raten darf: streichen Sie die *Catacombe dei Capuzzini* von Ihrem Besuchsprogramm. Lassen Sie den Toten ihren Frieden - Requiescat in pace!

Teatro dei Pupi

Das sizilianische *Teatro dei Pupi* hat eine lange und alte Tradition, es stellt eine ganz spezielle, eigenständige Art des europäischen Marionettentheaters dar. Im Prinzip sind es immer die gleichen Themen, die man hier in vielen Varianten und Fortsetzungen spielt, es sind die gleichen Szenen, die auch auf den zweirädrigen sizilianischen Karren dargestellt sind: auf den bunten Bildern kämpfen Ritter und Muselmanen miteinander, Schwerter blitzen vor dem Hintergrund burgengekrönter Berge oder vor dem blauen Strand des Meeres, bunte Wimpel und Fahnen wehen im Wind, eine prächtig gewandete Jungfrau ringt verzweiflungsvoll die Hände, ein mit allen Insignien seiner Macht geschmückter König erhebt gebieterisch das Zepter. Noch nach über tausend Jahren kann man die Relikte der sizilianischen Historie im Bilderbuch der »Carretti« und der »Marionetti« gestaltet finden.
Die bunt bemalten Holzwägelchen sind heute nur mehr selten in den kleineren Städten der Küste, aber noch häufig in den Dörfern des Inselinneren anzutreffen. Ein Eselchen oder Muli, zuweilen mit buntem Federkopfputz, zieht seinen Holzkarren geduldig über die staubige Straße. Oft läuft noch ein kleiner Hund - von der Art unserer Poverella, über die ich im Vorwort berichtete - an einem Strick im Schatten des Wagens zwischen den hohen Rädern. Dicht neben diesem Gefährt aus längst vergangenen Tagen brausen chromblitzende Straßenkreuzer, schrillen die Hupen, schimpfen die Fahrer auf das altmodische Hindernis.
Die Welt, die auf den kleinen Karren in starren Bildern festgehalten ist, gewinnt Bewegung und Leben im Spiel der Figuren des Teatro dei Pupi. Es gibt dabei zweierlei Typen von sizilianischen Marionetten zu unterscheiden: die »Pupi palermitani«, zwischen achtzig Zentimetern und einem Meter hoch, und die »Pupi catanesi«, die bei weitem größer sind. Alle sind sie bis ins kleinste Detail liebevoll ausgestattet. Die Könige - wie *Carlo Magno,* Karl der Große und seine Paladine, oder *Ruggero,* König Roger von Sizilien mit seinen gegen die Sarazenen kämpfenden Getreuen, die

schöne Prinzessin *Angelica,* die vom Helden *Orlando* aus den Händen der Ungläubigen gerettet wird, die Herren *Bradimante, Sacripante* und *Ferrante* – und wie die Gestalten des alten sizilianischen Puppentheaters sonst noch alle heißen.

Als Radio und Fernsehen noch nicht ihre dominierende Herrschaft angetreten hatten, gab es auf der Insel noch mehr Marionettenbühnen als heute – in Palermo und Alcamo, in Catania und Syrakus, in Acireale, Trapani, Caltanissetta, Licata und Caltagirone. In Palermo spielen heute noch zwei Teatro dei Pupi. Das kleinere, aber vielleicht originellere Unternehmen finden wir in einem winzigen Gäßchen unweit vom berühmten Platz *Quatro Canti,* der Kreuzung der beiden großen Straßenachsen der sizilianischen Metropole, den *Corso Vittorio Emanuele* und der *Via Maqueda.* Suchen wir also dieses kleine Theater im *Viculo Ragusi* auf! Am winzigen Schalter sitzt die Padrona, eine Hälfte ihres Körpers ist der Straße zugewendet, die andere befindet sich bereits im Inneren des Etablissements. Je nachdem, ob sie beim Kartenverkauf sozusagen im Außendienst zu tun hat oder ob sie beim »Innendienst« die Vorgänge im Zuschauerraum und auch auf der Bühne überwacht, wendet sie jeweils die linke oder rechte Körperhälfte dem Schauplatz der augenblicklichen Tätigkeit zu. Während des Spiels, wenn der Zuschauerraum verdunkelt ist, ist sie beim Licht einer kleinen, abgeschirmten Lampe mit einer Näharbeit beschäftigt. Dieser Zuschauerraum ist ein mittelgroßer viereckiger Saal, einfache hölzerne Bänke, bunte Plakate an den Wänden. Die Bühne ist etwa zwei Meter breit.Die Marionetten werden vom Direttore und zwei seiner sieben Sprößlinge geführt, die beiden Jüngsten bedienen Drehorgeln. Vater Cuticchio spielt und spricht sämtliche Rollen des Dramas – nein, er gestaltet, lebt und erlebt die Schicksale seiner Marionetten. Mit tiefem Baß dröhnt er als edler Kaiser, er rast wutschäumend als Bösewicht, schmettert wie ein Heldentenor als Held Orlando, lispelt holdselig als reizende Angelica mit hochgeschraubtem Stimmchen. Er flüstert, weint, schluchzt, tobt und schreit. Wenn Schlachtenlärm vonnöten, wird die Drehorgelmusik forte fortissimo und von etlichen geheimnisvollen Blechgeräuschen verstärkt, jedesmal begeben sich kurz vorher etliche sichtlich nicht zahlende einheimische Zuschauer zur Unterstützung des dramatischen Geschehens hinter die Szene. Am Schluß häufen sich die Leichen, Held Orlando schließt seine holdselige Angelica in die Arme. Dann erscheint ein Policinello und trägt ein Schild mit dem Wort »Fine« über die Bühne. Der Vorhang senkt sich. Applaus.

Der Direttore und Gesamtdarsteller ist körperlich und seelisch offensichtlich völlig erschöpft. »Und das mache ich an manchen Tagen zweimal

hintereinander!«, ächzt er und sinkt auf die vorderste Bank seines Theaterchens. »An Sonn- und Feiertagen spiele ich dazu noch in Cefalù und manchmal auch an anderen Orten. Wo man uns eben haben will.« Wir unterhalten uns noch ein wenig mit dem Maestro. Er erzählt von besonderen Vorstellungen, die auf den Plakaten verzeichnet sind, erklärt uns »Objekte« in den Wandschränken, macht auf etliche schöne Figuren aufmerksam. Falls Sie sich eine derartige sizilianische Marionette als Souvenir mitnehmen wollen, kaufen Sie diese nicht in einem der vielen Andenkenläden in Stadt und Land, sondern beim Puppenspieler selbst. Die geschäftstüchtige Industrie hat sich der serienmäßigen Nachbildung jener kleinen gepanzerten Ritter bemächtigt, in allen Größen und Ausführungen baumeln allerorts »Pupis« an den Ständen der Souvenirgeschäfte. Eine echte Marionette ist eine kleine Kostbarkeit. Unser Signor Direttore ist untröstlich, daß am Abend unseres Besuches beim Schlachtgetümmel das »unbesiegbare Schwert« des Ritters Orlando zerbrach - ausgerechnet.
»Das Gewand der Prinzipessa muß ausgebessert werden«, seufzt die Padrona, » und König Ruggero braucht ein neues Mäntelchen.« Die wackere Prinzipalin näht nicht nur sämtliche Kostüme, sie fertigt alle Requisiten an, malt die Dekorationen, putzt das Theater, kocht für die Familie . . . Es gibt gewiß andere, größere und arriviertere Marionettentheater als das unseres Signor Cuticchio, aber hier findet man noch die unverfälschte Atmosphäre eines echten alten Familientheaters. Sie können den Eingang nicht verfehlen: Bradamante, Sacripante und Ferrante weisen Ihnen mit ihren großen, handgemalten Porträts den Weg, nicht zu vergessen die rechte, dem Gäßchen zugekehrte Körperhälfte der Frau Direktor am Miniaturschalter ihres Teatro dei Pupi.

Weitere Sehenswürdigkeiten in Palermo und Umgebung

La Martorana: Kirche aus dem 12. Jahrhundert mit berühmten Mosaiken und wundervollem Campanile. Unmittelbar daneben

San Cataldo, 1160 erbaut, kaum verändert. Ähnelt einer Moschee. Drei eigenartige Kuppeln.

Der stets siegreiche Held »Orlando« im Marionettenspiel um die Taten Karls des Großen und seiner Paladine

Santa Maria della Catena - nach den Ketten benannt, die einst den nahen Hafen sperrten. (Erbaut um 1500.) Vorhalle mit Freitreppe.

San Domenico, genannt »Sizilianische Ruhmeshalle«, mit Grabmalen berühmter Persönlichkeiten. Größte Kirche von Palermo. Anschließend

Oratorio del Rosario di San Domenico, mit Rosenkranzmadonna von van Dyck. Stuckdekorationen von Serpotta.

Santo Spirito, genannt »Chiesa dei Vespri«. Normannenkirche, auf deren Vorplatz die »Sizilianische Vesper« ihren Anfang nahm.

La Cubola, in der Nähe der Cuba gelegener kleiner normannisch-arabischer Pavillon.

Palazzo Chiaramonte. Schönster Palast aus gotischer Zeit. Adelssitz, später königliche Residenz, dann Inquisitionsgerichtshof.

Palazzo Abbatelli (15. Jahrhundert) mit reichverziertem Portal, schönem Innenhof, zinnengekröntem Turm. Heute Sizilianische Nationalgalerie mit Kunstwerken aus ganz Europa.

Museo Archeologico Nazionale: Hier befinden sich u. a. die berühmten Metopen der Tempel von Selinunt. Sammlungen submariner Archäologie, prähistorische, etruskische Abteilungen.

Museo Pitrê im Schloß Favorita: Interessante volkskundliche Sammlungen. Schöner Park. Palazzina Chinese.

Galleria d'Arte Moderna: Sammlungen hauptsächlich süditalienischer und sizilianischer Maler des 19. und 20. Jahrhunderts.

Botanischer Garten (Orto Botanico) mit den seltensten tropischen Bäumen und Pflanzen. Nahebei

Parco Villa Giulia, auch »La Flora« geheißen. Goethe nannte den Park »den wunderbarsten Ort der Welt«

Fontana Pretoria: Größter und schönster Barockbrunnen Palermos, von den Florentiner Bildhauern Camilliani und Vagherini geschaffen.

Teatro Massimo: Berühmtes Opernhaus, faßt 3200 Zuschauer

Vucciria, der turbulente Markt von Palermo.

Piana degli Albanesi: Reizvoller Höhenort, über eine Panoramastraße zu erreichen. Albanische Kolonie mit eigenständigem Brauchtum. Die Gottesdienste finden nach griechisch-byzantinischem Ritus statt. Bei den großen Festen tragen die Bewohner ihre schönen alten Trachten. In der Nähe von Piana ein See.

San Martino delle Scale: Luftkurort im Gebirge bei einem alten Benediktinerkloster.

Hinter Palermos großem Badeort Mondello noch etliche kleinere Bäder: *Sferracavallo, Isola delle Femmine, Capacì, Terrasini* - mit zum Teil hochmodernen Luxushotels.

Stadt des Salzes – Trapani

Memento für Giuliano Salvatore

Er wollte das sein, was sein Name besagte: *il Salvatore,* der Retter. Der Retter seiner Heimat Sizilien, Giuliano, Sohn eines Bauern aus *Montelepre,* einem kleinen, im Bergland zwischen Monreale, Partinico und Castellamare gelegenen Marktflecken. *Zona Giuliano* nennt man die Gegend noch heute, fast ein Vierteljahrhundert nach seinem Tod. Das Andenken des Brigantenkönigs ist auf Sizilien noch immer lebendig, die Erinnerung an den »Beschützer der Entrechteten«, der den Ausgleich schaffen wollte zwischen arm und reich. Sein Schicksal wurde zur Ballade, zur Legende zur *Favola.* Vermutlich hat Giuliano tatsächlich dazu beigetragen, daß seine Heimatinsel schließlich autonom wurde.
»Als Sohn dieser Erde sehe ich in ihrer Unabhängigkeit die einzige Lösung des sizilianischen Problems!« erklärte der junge Bauer aus dem weltentlegenen Bergnest, der als Bandit zum Volkshelden wurde und Briefe an Minister und Regierungen wie an Gleichgestellte schrieb, sogar an den amerikanischen Präsidenten hat er sich gewandt. Seine Ideen und Vorstellungen waren zum Teil richtig, die gewaltsamen Methoden, mit denen er sie durchsetzen wollte, waren falsch. Jahrelang hielten seine Aktionen nicht nur Italien in Atem, widmete ihm die Weltpresse ihre Aufmerksamkeit. Tausende von Carabinieri wurden von der Regierung in Rom nach dem Süden entsandt, um ihn zu fangen, fünf Millionen Lire als Preis für seine Ergreifung ausgesetzt. Doch hinter Giuliano stand ganz Sizilien. Er konnte nur durch Verrat fallen. Mit Hilfe seines Vetters, Blutsbruders und engsten Vertrauten Gaspare Pisciotta wurde der Wehrlose im Schlaf ermordet. Pisciotta rühmte sich vor Gericht, der »Vollstrecker« gewesen zu sein, was aber durchaus nicht feststeht. Das Ende des großen Banditen, wie auch der ebenso mysteriöse gewaltsame Tod seines angeblichen Mörders hinter den sicheren Mauern des *Ucciardone,* des Untersuchungsgefängnisses von Palermo, bleiben nach wie vor in Dunkel gehüllt. Wer weiß die Wahrheit? *La virità si dici à la Cunfisuri«* lautet ein sizilianisches Sprichwort,

die Wahrheit sagt man nur seinem Beichtvater. Und auch ihm sagt man sie nicht immer.
Die *Storia de Turi Giuliano* wird heute als Moritatenballade gesungen. »Turi« ist die Diminutivform von »Turridu«, wie die Landsleute Giulianos ihren Volkshelden liebevoll nannten. Er wurde damals sogar von den Kindern Westsiziliens in das Abendgebet mit eingeschlossen: ». . . und behüte Giuliano vor der Polizei!« Heute findet man Szenen aus seiner Lebensgeschichte bereits zuweilen auf den sizilianischen Carretti gemalt, sie sollen auch von den Marionettentheatern gespielt werden. Namhafte Autoren haben Bücher über den Rebellen und Bandenführer geschrieben, ein faszinierender Dokumentarfilm wurde von dem Regisseur Francesco Rosi an den Original-Schauplätzen gedreht. Die Einwohner von Montelepre spielten sich selbst, Giuliano wurde von einem jungen Mann dargestellt, dessen Gesicht aber niemals zu sehen war.
Ich hatte mir vorgenommen, bei meiner diesmaligen Sizilienreise die Heimat Salvatores aufzusuchen. Die kleine Straße nach Montelepre zweigt von der von Monreale nach Trapani führenden ab – man kann übrigens von Palermo nach Trapani auch auf einer bequemeren, am Meeresufer entlang gehenden Strada fahren. Die Abzweigung auf der durchs Bergland laufenden Straße erfolgt bei dem Städtchen *Partinico,* das als einer der Hauptorte der Mafia gilt. In Partinico lebt und wirkt übrigens Danilo Dolci, Autor und Reformator, ein Kämpfer für das unterentwickelte Sizilien, vielleicht kennen Sie eines seiner erregenden und erschütternden Bücher. Die Bezeichnung »kahle, wilde Bergwelt« hat in der »Zona Giuliano« volle Berechtigung. Staubbedeckte Mastixsträucher und Opuntien an den Straßenrändern, dürftige Buchweizenäcker, die das »Brot der Armen« tragen. Kümmerliche Weinfelder. Uralte, gekrümmte Olivenbäume. Darüber weißgelb schimmernde Kalkberge und eisengraue Felsrücken. Der Schrei wilder Vögel. Maultiere und Eseltreiber begegnen uns, kein einziges Auto. Die Straße windet sich ins Bergland hinauf. An einer Stelle wird sie ausgebessert, die Arbeiter sehen unserem Wagen mit dem deutschen Kennzeichen erstaunt nach. Die Zeiten sind längst vorüber, in denen Reporter oder Kameraleute hinauf nach Montelepre fuhren. Der Ort bietet heute einen anderen Anblick, als in den Tagen Giulianos oder auch zur Zeit, als Francesco Rosi dessen Lebensgeschichte nachzeichnete. Es ist seither viel gebaut worden, wird immer noch gebaut. Neue, moderne Häuser. Fast zwangsläufig muß man an die Riesensumme denken, die seinerzeit für die Ergreifung Giulianos ausgesetzt gewesen ist. Sie wurde ausbezahlt, an den Mann, der sich rühmte, Giuliano getötet zu haben – und der dann selbst sterben mußte.

Wir fahren in den hochgelegenen Marktflecken ein. Enge Gassen. Der kleine Platz vor dem Normannenkastell. Gegenüber die Kirche. Mir ist alles aus Rosis Film vertraut. Wir treten ins Kirchenschiff ein, es ist überreich dekoriert, vermutlich zu Ehren irgendeines Heiligen. Fast zu pompös – für Giulianos armes kleines Montelepre, rot und gold, gold und rot. Unzählige Kerzen flammen in der völlig leeren Kirche. Wir sind die einzigen Besucher. – Wir treten wieder hinaus auf die Straße, den Platz. Auf den Plätzen sitzen einige ältere Männer. Dabei fällt mir ein, es müssen doch noch Angehörige von Giuliano leben. Sie sind aber zugleich auch Angehörige des Mörders: die Mutter des Opfers und die des Täters waren Schwestern. Zwei nahverwandte Sippen, zwischen denen »Blut steht«, wie man auf Sizilien sagt. Die Einwohnerschaft des Ortes soll noch immer in Parteigänger der beiden Familien geteilt sein, hörte ich. Wo steht das Elternhaus Giulianos? Seine Schwester führte einen Laden. Doch – wir vermeiden alle Fragen. Die Gesichter der Dorfbewohner sind abweisend, verschlossen. Vermutlich sind sie schon viel gefragt worden. Ich möchte zu Giulianos Grab. Der Friedhof muß irgendwo über Montelepre am Berghang liegen. An einer Kurve der aufwärts führenden Straße sitzt eine Frau vor der Türe ihres Hauses. Ich erkundige mich, ob die schmale Straße zum *cimitero* führe. Ihre Miene hellt sich auf. »Si, si, Signora. Sie wollen wohl zu »ihm«? Sie nennt keinen Namen. Nach ihrer Reaktion scheint sie zur Partei Giulianos zu gehören.
Der Friedhof. Das Tor, das ich aus Rosis Film kenne. Der mittlere Weg muß zu Giulianos Grab führen. Ich kann gerade noch meine Reisekameradin davon abhalten, ein Mausoleum zu fotografieren, auf dem der Name »Pisciotta« steht. Man muß mit abgewandtem Gesicht daran vorbeigehen, will man nicht zur Partei des Mörders gezählt werden, hatte man mir gesagt. Etwa zwanzig Meter weiter steht auf der gleichen linken Seite des Mittelweges ein Grabhaus mit der Aufschrift »Famiglia Giuliano«. Die Türe ist nur angelehnt. Ich trete ein. Auf der rechten Seite steht ein weißer Steinsarg mit dem Namen Salvatores und der Inschrift, die er sich selbst für den Fall seines Todes schrieb. Übersetzt lautet sie: »Meine armen Träume von Liebe, ihr seid umgekommen, als meine Freude an euch am größten war. Meine stolzen, feurigen Phantome, dazu verurteilt, gewaltsam zu sterben.«
Seltsame, erstaunliche Worte – für einen einfachen, ungelehrten Bauernjungen. Ich habe ein paar Nelken von Palermo mitgebracht, sie sollen die Lieblingsblumen Giulianos gewesen sein. Ein Schatten fällt in das Innere des Grabhauses. In der Türe steht ein alter Mann, sieht die Blumen, die ich eben auf den Stein lege, und spricht mich an. Er ist ein entfernter Ver-

wandter Giulianos. Er weist mir das Grab von dessen Mutter, Maria Lombardo, auch das von Giulianos Schwester. Beide sind inzwischen gestorben. Der Alte bringt mir Fotografien der Familie, vor allem von Salvatore. Ein kleines Bild ist auch an seinem Steinsarg angebracht. Ein scharfgeschnittenes, intelligentes, stolzes Gesicht, nachdenklich, forschend. Das Gesicht des Mannes, von dem ein sizilianischer Volksspruch sagte: »Giuliano – schnell wie ein Falke. Schön wie ein Gott. Klug wie eine Eule.«
Der Alte erzählt uns seine Version des »Falles Giuliano«, er weicht von der bekannten ziemlich ab. Er fährt mit uns zurück, hinunter nach Montelepre, zeigt uns das ehemalige Elternhaus Giulianos. Er möchte uns in sein eigenes zu einem kleinen Imbiß einladen. Wir müssen ablehnen, es ist bereits Abend, und wir haben noch einen weiten Weg durch das Bergland hinunter zur Straße nach Alcamo. Er winkt uns noch lange nach, als wir hinunter ins Tal kurven. Über uns zeichnen sich auf dem Berghang die Umrisse der Häuser, der Kirche, des Kastells gegen den Abendhimmel. Montelepre – Heimat des Banditen Giuliano, il Salvatore.

Einsames Segesta

Von Partinico führt die nach Trapani gehende Straße über *Alcamo,* ein hübsches Städtchen, das von einem sarazenischen Fürsten namens Al Kamuk auf einem Berge gegründet wurde. Von diesem Ort stammte ein Dichter des Musenhofes von Kaiser Friedrich II., Giullo d'Alcamo. Wir besitzen von ihm eines der ältesten Zeugnisse der italienischen Literatur, das Liebesgedicht «Rosa fresca aulentissima«.
Nach einem Aufstand der arabischen Einwohnerschaft hatte der Kaiser die Stadt auf einen benachbarten Berggipfel verlegt und den Ort mit Christen neu besiedelt. Auch das hinter Alcamo gelegene Städtchen *Calatafimi* ist – wie schon der Name aussagt – arabischen Ursprungs. Von seiner Höhe aus kann man einen Tempel in der Einsamkeit der weiten grünbraunen Hügellandschaft sehen: *Segesta.*
Eine schmale Straße zweigt zu jener fast gänzlich unbewohnten Gegend ab, sie ist in sehr schlechtem Zustand bis zu dem Hügel, der den Tempel trägt. Er ist nie vollendet worden. Vielleicht wollten die Elymer, die ihn errichteten, ihn von Anfang nicht bedecken, der Himmel selbst ist das Dach dieser Ehrenhalle der Götter. Die Elymer sind ein etwas geheimnisvolles Volk, das angeblich von den Trojanern, anderenteils von Afrikanern abstammte. Letzteres würde auch die Sympathien erklären, die Karthago für die Bewohner Segestas hatte, denen es in allen Kriegen mit deren Nach-

barstadtstaat Selinunt zur Seite stand. Wir werden in einem späteren Kapitel noch darauf zurückkommen.
Von Segesta ist nichts erhalten geblieben als jener Tempel und ein unweit gelegenes Theater, das aber von diesem aus nicht zu erblicken ist. Der goldgelb leuchtende Tempel in völliger Einsamkeit ist eines der stärksten Erlebnisse, die Ihnen Sizilien schenkt. Ferdinand Gregorovius schreibt: »Da ist nun der Tempel von Segesta! Schon drei Meilen weit sahen wir ihn vor uns, ein schöner Anblick, weil er kaum Ruine zu nennen, sondern ganz aufrecht, mit allen Säulen und beiden Fronten, einsam an der braunen Bergseite steht und die wilde Gegend still und majestätisch überschaut. Das berühmte Heiligtum steht auf einem kahlen Hügel. Die Einsamkeit, die Erinnerung an die alten Trojanischen Sagen, die schönen Verse des Vergil, endlich jene Kriege der Segestaner mit Selinunt, welche die Expedition der Athener gegen Syrakus und große geschichtliche Folgen nach sich zogen, beschäftigen hier die Phantasie. Überall sagenvolle Atmosphäre und nebelhafte Gestalt von Mythen oder von Historie. Wenn man auf dem alten Theater sitzt, so ist der Blick in die blonde Wildnis zauberhaft und von tieftragischem Ernst. Man übersieht hier den Golf von Castellammare, dort die prächtigen Berge von Alcamo; zu Füßen liegt ein verwildertes Tal, welches der Fluß Krimisos durchirrt; drüben steht der grau-alabasterne Berg von Calatafimi, einer Stadt, die schwarz und eintönig seinen Gipfel bedeckt. Wendet man sich westwärts, so blickt über die gelben Hügel herauf ein blauduftiges, phantastisches Berghaupt. Dies ist der schöne Berg Eryx, der einst den Tempel der Venus trug. Auch das Aegaeische Meer schimmert dort hyazinthenfarben hervor und lockt den Blick nach Karthago und die Phantasie in die punischen Kriege zurück.«
Zu Füßen des Tempelhügels hat sich in neuester Zeit eine kleine Trattoria eingerichtet. In gläsernen Wandschränken findet man hier auch einige interessante Funde hinter den Glasscheiben ausgestellt: Krüge, Schalen, die zum Teil aus ihren Scherben wieder zusammengesetzt wurden. Natürlich sind diese Objekte unverkäuflich und lediglich ihre Nachbildungen zu erwerben, dazu noch verschiedene Erzeugnisse des Kunsthandwerks, Webereien, Flechtarbeiten, Keramiken. Man bekommt auch einige gute Gerichte in der kleinen Trattoria serviert, vor allem den herrlichen gold-

Gelbe Säulen vor grünem Hang. Ihre Schatten wandern, vom Sonnenlicht gezeichnet, über den Tempelboden. Wind, Stille, Einsamkeit: Segesta

gelben Segesta-Wein. Wenn man den Padrone bittet, überläßt er dem Gast auch ein Fläschchen »zum Mitnehmen«. Auf dem Etikett – es ist die Kopie eines alten Stiches – sieht man den Tempel abgebildet; vor ihm haben Reisende eine Art Lagerfeuer angezündet. Oder sollte es ein Freudenfeuer sein, weil sie glücklich bei ihm angekommen sind? Die Straße, die nach Segesta führt, scheint noch aus jener Zeit zu stammen. Glücklicherweise ist sie nur wenige Kilometer lang. Der schlechte Zustand soll Sie aber nicht daran hindern, diesen Tempel aufzusuchen, der für manche Sizilienreisende der schönste der ganzen Insel ist. Auch für mich ...
Kleiner Hinweis: Zur Zeit ist der Tempel wegen dringender Ausbesserungsarbeiten eingerüstet.

Seilbahn zum Venusberg

Mir war *Trapani* vor allem als Geburtsort des großen Sängers Enrico Caruso ein Begriff gewesen. In seiner Heimatstadt schenkt man jener Tatsache keine sonderliche Beachtung mehr. »Trapani, die Stadt des Salzes«, lautet jetzt die Devise. Eine moderne Stadt mit einigen schönen Barockkirchen und einer alten Templerkirche, deren strenge Fassade als einzigen Schmuck das Ornament einer großen steinernen Fensterrose aufweist. Im Gebäude des Annunziataklosters ist das *Museo Pepoli,* ein Museum mit Bildern alter Meister und sizilianischem Kunsthandwerk, untergebracht. Mit der Gründung des Konvents ist wieder einmal eine hübsche Legende verbunden: Türkische Schiffer hatten das Madonnenbildnis, das man jetzt in Trapani verehrt, auf dem Meere treibend entdeckt. Sie fischen es aus dem Wasser und brachten es mit, als sie bei Trapani ans Land gingen. Dessen christliche Bewohner wollten es gerne haben, die Muselmanen wollten es nicht hergeben. Es entbrannte ein erbitterter Streit. Schließlich einigte man sich: das Bildnis sollte derjenigen Partei gehören – der »Wasser-« oder der »Land-Partei« – in deren Richtung die Öchslein traben würden, auf deren Karren man das umstrittene Objekt gestellt hatte. Die klugen Tiere trabten dem heimatlichen Stall zu – und dieser befand sich ja nicht auf dem Wasser. In Trapani wird seither das Fest dieses Marienbildnisses mit großem Gepränge gefeiert.
Das Annunziatakloster liegt an einer Straße, die zum *Monte Erice* weiterführt. Von ihren Serpentinen aus hat man herrliche Ausblicke zum Meer und zu der auf einer Halbinsel liegenden Stadt. Nach ihrer sichelförmigen Form nannten sie sie in der Antike »Drépanum«, der heutige Name wird davon abgeleitet, wie sich unschwer erkennen läßt. Riesige

weiße Salinenberge geben dem Landschaftsbild seinen charakteristischen Akzent. Vielleicht kann man die Rundsicht noch ungestörter von den kleinen Kabinen der *Funivia* aus genießen, der Seilbahn, die zum antiken »Venusberg« hinaufführt, probieren Sie es aus. Die Bezeichnung hat ihre Berechtigung, sogar eine zweifache: Erstens hat bei der Namensgebung des Monte Erice ein Sohn der Venus Pate gestanden, der Held Eryx. Zweitens befand sich schon zur Zeit der Phönizier auf seinem Gipfel ein Tempel der Göttin Astarte, die von den Griechen der Liebesgöttin Venus gleichgesetzt wurde. Unter den Römern ist der Tempel der »Venus Erusina« ein beliebtes Pilgerziel der Seeleute gewesen. Der Überlieferung nach herrschte im Heiligtum der Astarte-Aphrodite-Venus nämlich Tempelprostitution. Man hatte uns erzählt, im Städtchen Erice gäbe es noch heute die schönsten Frauen von ganz Sizilien. Ob dies mit dem einstigen Tempeldienst der »vielgastlichen Mädchen« zusammenhängen mag, wie die Dichterin Sappho sie nannte, die einige Zeit als Verbannte in Syrakus gelebt hat?

Als der Normannenkönig Roger das Bergstädtchen eroberte, war es ein sarazenisches Seeräubernest namens Gibil Hamed geworden. Der fromme König gab ihm und dem Berg alsbald einen neuen Namen, den seines Lieblingsheiligen, San Giuliano. Beide trugen ihn bis zum Jahr 1937, wo sie wieder ihren ursprünglichen zurückerhielten. Unsere Zeit scheint eben mehr der Venus verbunden zu sein, als einem Heiligen. . . . Von den schönen Nachfahrinnen der einstigen Tempeldamen habe ich im Städtchen kaum etwas bemerkt. Es scheint hauptsächlich von freundlich grüßenden alten oder zumindest älteren Frauen bewohnt zu sein.

Auch von dem interessanten Tempel selbst ist wenig mehr zu sehen, seine Mauerreste sind in die grauen Wände des »Castello Venere« miteinbezogen worden, nachdem auf Befehl des streng katholischen Herrschers aus dem Hause Aragon der heidnische Sündentempel weitgehend zerstört wurde. Von der *Porta Trapani* bis zur *Porta Spada* ziehen sich die Stadtwälle mit einigen hohen Türmen hin. Zum Teil wurden sie auf Veranlassung von Graf Pepoli – dem Mäzen, der auch das Museum der Stadt Trapani stiftete – restauriert.

Ein Stück zyklopisch wirkender Mauer wird als phönizisch deklariert, es sollen punische Schriftzeichen eingegraben sein. Ein schönes Bild gibt der aus dem vierzehnten Jahrhundert stammende Dom mit seiner spitzbogigen gotischen Vorhalle und einem freistehenden Campanile, aber der weite Domplatz war völlig verlassen, als wir ihn aufsuchten. Kein einziger Mensch, kein Wagen, nicht einmal ein Muli war zu sehen. Auch das gesamte Städtchen scheint irgendwie verlassen. Ein Rest Mittelalter, der

auf dem Berg vor sich hinträumt. Dafür scheint es der sauberste und gepflegteste Ort von ganz Sizilien zu sein. Sogar das Straßenpflaster wirkt wie poliert, in einigen Gassen ist es zu hübschen Ornamenten geordnet, ein Teppich aus schattierten Steinen. Abfälle, Kehricht sind nirgends zu entdecken. Viele der kleinen Häuser tragen Blumenschmuck, Tore öffnen sich zu einem blitzblanken malerischen kleinen Hof. Das Städtchen ist ein Kuriosum innerhalb des sonst so nachlässigen Süditalien . . .
Von den Gärten um das mittelalterliche Kastell, oder auch von der Terrasse des »Jolly Hotels«, hat man wieder den hinreißenden Blick zum Meer. Irgendwo in seiner unwahrscheinlichen Bläue schwimmen die ägadischen Inseln. An klaren Tagen soll man von hier aus sogar bis zur afrikanischen Küste sehen können, vermutlich mit Fernglas. Wer Ruhe, Entspannung, erholsame Spaziergänge in guter Luft sucht, der pilgere zum Monte Eryx – auch wenn heute dort keine vielgastlichen schönen Tempelmädchen mehr zu finden sind. . .

Weitere Sehenswürdigkeiten in Trapani und Umgebung

Santa Maria del Gesù: Kirche aus der Spätrenaissance. Terracotta-Madonna von Andrea della Robbia.

Cathedrale Sant'Agostino aus dem 17. Jahrhundert.

Chiesa del Collegio, gleichfalls barocke Jesuitenkirche.

Palazzo Communale, das ebenfalls aus der Barockzeit stammende jetzige Rathaus von Trapani.

Palazzo della Guidecca, merkwürdiger gotisch-katalanischer Bau.

Kleines, aber interessantes *Museum* im Rathaus von Erice.

Castelvetrano: der Hauptanziehungspunkt für alle Kunstfreunde, der berühmte »Ephebe von Selinunt«, wurde gestohlen. *Chiesa San Giovanni Battista* mit Statue des Kirchenpatrons von Gagini.

Marsala: Zentrum des Weinanbaues. Besuch der »Baglio«, Weinkellereien. Im Dom alte flämische Wandteppiche. Römische Thermen (Mosaikfußböden).

Die Buchstabentempel von Selinunt

Wer könnte es wagen
die schon gestürzten Säulen aufzurichten,
daß sie den Himmel der Götter wieder tragen ...

Anfangsworte eines Gedichtes, das Hermann Kasack Selinunt widmete. Es ist die gigantischste Ruinenstätte Siziliens. Ein riesiges Areal zerstörter Tempel und Häuser, ein Trümmerfeld vor dem Hintergrund des afrikanischen Meeres. Da selbst die Archäologen die Ruinen der Tempelstätten nicht mehr dem Dienst oder dem Namen einer bestimmten Gottheit zuordnen konnten, hat man ihnen zur Unterscheidung Buchstaben als Namen gegeben. Seit Kasack Selinunt besuchte, sind die Säulen eines einzigen Tempels - des Tempels E - wiederaufgerichtet worden, aber »sie tragen keinen Götterhimmel mehr«, um mit dem Dichter zu sprechen.
Man steht irgendwie fassungslos vor dem schier unübersehbaren Ruinengelände der einstigen Stadt, die im sechsten Jahrhundert v. Chr. die mächtigste Westsiziliens gewesen ist. Sie trug ihren Namen nach einer Pflanze, dem »Selinon« oder »Petroselinum«, der Petersilienstaude, sie wird im Mittelmeerraum bis zu einem Meter hoch und wächst heute noch zwischen den Ruinen. Die Pflanze, die man auch Eppich nennt, ist auf vielen Münzen abgebildet, die Selinunt schlagen ließ, und auch auf seinem Wappen zu sehen. Ein goldenes Eppichblatt wurde von den Bürgern als Weihegeschenk dem delphischen Apoll dargebracht, wie Plutarch berichtet.
Wegen territorialer Streitigkeiten führte Selinunt mit seiner Nachbarstadt Segesta mehrere erbitterte Kriege. Im letzten wurde die Stadt von den Karthagern, die Segesta zur Seite standen, zerstört. Sie wurde zum Teil wieder aufgebaut, um aufs neue verwüstet zu werden. Ein Erdbeben vollendete, was der Zerstörung durch Menschenhand entgangen war. In byzantinischer Zeit soll es einmal eine kleine christliche Gemeinde an jener Stätte gegeben haben. Im frühen Mittelalter verloren sich die Spuren Selinunts aus der Erinnerung der Menschen. In der Zeit der Araberherrschaft nistete in den Trümmern ein Dorf, das den Namen Rahl al Asna trug, das »Haus der Idole« - der arabische Dichter und Historiker Edrisi, dem wir schon bei Palermo begegnet sind, berichtet von dieser Siedlung. Jahrhundertelang wurde sie später als Steinbruch benutzt. Erst im sechzehnten ist die Ruinenstadt, die von Gestrüpp und Strauchwerk völlig überwuchert war, von einem Dominikanerpater namens Tommaso Fazello

wieder entdeckt worden. Seither hat man Straßenzüge, Hausfundamente, zerstörte Tempel und die einstige Akropolis der Stadt freigelegt. Die Funde von Selinunt, darunter die Skulpturen und Metopen, zählen zu den Schätzen des Museo Nazionale von Palermo.

Welche Ausmaße die Stadt ehemals besaß, lassen die Ruinen der »Zona Monumentale« noch erkennen. Der Tempel G soll neben dem der Diana von Ephesus und dem riesenhaften, niemals vollendeten Zeustempel zu Agrigent der gewaltigste Sakralbau der antiken Welt gewesen sein. Vom Tempel E stammen jene Metopen, die zu den wunderbarsten Zeugnissen bildnerischer Kunst gehören.

Wir sind Stunden um Stunden in den Ruinenfeldern umhergewandert, und ich habe mich dabei ertappt, daß ich mich inmitten dieser gewaltigen Wüstenei, der Vielfalt zerborstener Tempelfragmente, gestürzter Säulen und wie von Gigantenhänden durcheinander geschütteltem Mauerwerk nach dem einen, einsamen, hellen Tempel von Segesta sehnte, der wie unversehrt an seinem lichtgrünen Berghang liegt. Ich muß gestehen, daß ich mich schließlich aus dieser starren steinernen Trümmerwelt zum lebendigen Meer flüchtete. . . Es gibt unterhalb der Akropolis einen schönen Sandstrand und in der Nähe von Selinunt auch einen kleinen Fischerort, *Marinella* - wenn man mit der Bahn reist, ist es die Station für Selinunt.

Marinella - klingt nicht schon der Name heiter und tröstlich? Man findet dort sogar zwei hübsche kleine Hotels.

Über der tragischen Ruinenstätte Selinunt hatten Wolken gehangen, der Himmel war bleifarben und schwer. In Marinella schien die Sonne und lud uns ein, den Staub der alten, untergegangenen Stadt im klaren Blau des *Mare Africana* abzuwaschen.

Attenzione! - Noch eine kleine Warnung: Auf der Straße zum Tempelbezirk werden Ihnen vielleicht zwei freundliche ältere Herren noch vor dem eigentlichen Eingang »unterderhand« etliche Ausgrabungsobjekte anbieten - eine hübsche, nur leicht lädierte griechische Vase, angeblich antike Münzen. Die beiden Schelme beteuern, daß es sich um »Originale« handelt, die sie »im Sand von Selinunto gefunden« hätten. Es handelt sich aber natürlich um Fälschungen, allerdings um erstaunlich gute. Fallen Sie nicht auf jene beiden Signori herein.

Dunkel zeichnet sich geheimnisumwittertes, uraltes Gemäuer auf dem Monte Eryx gegen Himmel und Meer

Agrigent, »schönste Stätte der Sterblichen« – einst

Intermezzo unter einer Schirmpinie

Non c'é chi fari! – da kann man nichts machen oder es ist nicht zu ändern – ist ein Ausspruch, den man auf Sizilien oft hört. Mit ihm läßt sich vielerlei kommentieren, entschuldigen, anprangern. Es ist sozusagen universell anwendbar und paßt zu allen Gelegenheiten. Ich hörte ihn zum ersten Mal von Beppino auf meiner ersten Sizilienreise.

Wir kamen von Selinunt, wollten weiter nach Agrigent und hatten soeben *Sciacca* passiert, eine Stadt, deren Heilbäder schon die Römer kannten. Heute bestehen hier vier Thermalkuranstalten, nicht zu vergessen die alten Naturgrotten mit ihren saunaähnlichen Dampfbädern am Monte Calogero, dem Hausberg von Sciacca. Doch zurück zu Beppino.

Er saß unter einer breiten Schirmpinie an der Landstraße und musizierte stillvergnügt vor sich hin – eine kleine schmächtige Gestalt, deren überdimensionale Schuhe nicht zu ihrem Besitzer paßten. Vermutlich hatten sie nicht von jeher ihm gehört. Neben sich hatte der Musikus ein Schnupftuch gebreitet, auf dem ein Stück Schaf- oder Ziegenkäse und einige Oliven lagen. Er ließ sich in seinem Konzert keineswegs stören, nickte uns nur zu und spielte weiter – auf einer Maultrommel. Sie ist ein primitives altes Volksinstrument, dessen Melodiemöglichkeiten ziemlich begrenzt sind.

Der eigenartig heiser-brummende Ton ist ein musikalischer Akzent innerhalb der sizilianischen Folkloremusik, zu der vor allem die Klänge der *Chitarra,* einer etwas schrillen Flöte, des sogenannten *Prisculettu,* einer Trommel und einer altertümlichen *Sackpfeife* gehören. Unser Beppino spielte also Maultrommel – und wir honorierten sein Konzert mit entsprechendem Beifall. Er verneigte sich und lud uns mit einer weitausladenden Handbewegung ein, neben ihm unter der Schirmpinie Platz zu nehmen.

Dies war der Anfang unserer Bekanntschaft. Ich habe Beppino später noch mehrfach getroffen und verdanke ihm die Kenntnisse mancher Lieder und Bräuche seiner Heimatinsel, nicht zuletzt auch des sizilianischen

Dialektes. Beppino ist in dieser Beziehung eine auf zwei dünnen Beinchen wandelnde Schatztruhe.
Wie ich später erfuhr, stammte er aus einer Fischerfamilie von *Mazara del Vallo,* einem der großen Fischereizentren der Südküste. Hier sind vor allem die Thunfischfänger zu Hause, die Korallen- und Schwammfischer. Schon bei unserer ersten Begegnung erzählte mir Beppino allerhand interessante Dinge darüber, ich weiß nicht mehr, wie wir auf dieses Thema zu sprechen kamen. Der Thunfischfang ist ein grausamer und blutiger Vorgang, dessen Schilderung ich Ihnen erspare. Er hat ein ganz bestimmtes Ritual, zu dem merkwürdigerweise auch ein Gesang gehört, der von den Fischern, den *Tonnaroti,* vor der Tötung der Thunfische, der *Mattanza,* angestimmt wird. Es ist eine Anrufung von Sankt Petrus, dem Patron der Fischer: »San Petru, pescatura, aya aya moro, aya moro«. Beppino sang uns die Melodie. Wir bekamen noch eine zweite Fischerweise zu hören, sie war diesmal dem *Spada* gewidmet, dem Schwertfisch. Wieder spielte der Ausruf »Aya, aya« dabei eine große Rolle.
Beppino begleitete sich diesmal mit einer alten Gitarre, deren Vorhandensein wir vorher nicht bemerkt hatten, sie lehnte, zusammen mit einem Bündel, hinter seinem Rücken am Stamm der Pinie.
Ich habe bei diesem ersten Zusammentreffen Beppino gefragt, wo er zu Hause wäre. Die Antwort war bemerkenswert: »Überall - und nirgends. Ich habe ein singendes Herz, das wandern will.« Er sagte tatsächlich »singendes Herz« - wobei er mit Emphase auf die Stelle wies, wo sein singendes wanderlustiges Herz schlägt. Beppino schien ein Dichter zu sein - obwohl er kaum lesen und eigentlich nur seinen Namen schreiben konnte, wie er ganz unbefangen erzählte. Seine Melodien höre er »vom Wind, vom Meer und von der Sonne«. Manchmal auch von Leuten in den Dörfern oder kleinen Städten. In die großen ginge er nicht, die habe der Teufel erfunden. Da wäre zum Beispiel Girgenti, das man seit einiger Zeit wieder Agrigent nenne. Eine alte Stadt, eine schöne Stadt gewiß - aber wir würden uns wundern, wenn wir dahin kämen. Womit Beppino recht behalten sollte. Als ich mich erkundigte, wo er denn bliebe, wenn schlechtes Wetter sei, was ja schließlich auch in bella Sizilia mal vorkomme, lachte er. »Wenn es regnet oder der Schirokko, der heiße Wüstenwind, von Afrika zu uns übers Meer bläst, dann lege ich mich in eine Hirtenhütte oder in den Warteraum einer Eisenbahn - oder auch Omnibusstation. Oder ich suche eine Taverne auf, in der man mich kennt. Dort musiziere und singe ich ein wenig. Die Leute mögen das noch immer, auch wenn es jetzt überall Radio oder Fernsehen gibt. Einmal habe ich auch einige Zeit in den Schwefelwerken von Porto Empedocle gearbeitet, aber das ist noch schlimmer als

der Thunfischfang, für beides bin ich zu schwächlich, *non c'é chi fari . . .«* Wir konnten Beppino verstehen: Wenn man ein »singendes wanderlustiges Herz« hat, ist die Lebensform, der er sich verschrieb, entschieden jeder anderen vorzuziehen. »Man lebt - um zu leben«: mit diesem Lieblingsausspruch unseres Freundes wollen wir uns von ihm verabschieden. Und uns nunmehr Agrigent zuwenden, einer jener Städte, die nach Beppinos Ansicht »der Teufel erfunden hat. . . «

Akragas im Licht

Pindar war entschieden entgegengesetzter Anschauung. Für ihn war das alte Akragas »die Stadt im Licht« und »die schönste Stätte der Sterblichen«. Wenn man sich dem heutigen Agrigent nähert, ist man nicht unbedingt dieser Überzeugung. Bis vor wenigen Jahren hob sich noch die Silhouette der Häuser und Kirchen auf dem langgestreckten Bergrücken über Olivengärten und Mandelhainen, wie von einem zarten Silberstift gezeichnet, hell gegen den hellen Himmel ab. Nun sind die Hänge an beiden Seiten, sowohl zum Land wie zum Meer, von modernen Hochhäusern bedeckt, durch deren Straßenschluchten sich zähflüssig der Verkehr zwängt. Wenn man endlich auf der Oberstadt anlangt, hat man dann zur Belohnung einen allerdings noch immer hinreißenden Blick. Hinunter zum *Tal der Tempel* und den dort noch erhalten gebliebenen Anpflanzungen und Feldern bis zur Küste des Meeres und dem »Lido« von Agrigent, *San Leone.* Wenn man durch die enge Hauptstraße der Höhenstadt zu ihrem am Nordrand gelegenen Dom wandert, findet man etliche gute Buchhandlungen, in denen überraschend viele Werke ausländischer Autoren und Übersetzungen ausliegen. Die dreischiffige, aus dem vierzehnten Jahrhundert stammende Kathedrale ist an der Stelle eines Tempels errichtet, der Zeus Policus, dem »Städtegründer«, gewidmet war.
Der kostbarste Schatz der im achtzehnten Jahrhundert weitgehend umgebauten Kirche, der sogenannte »Phädra-Sarkophag«, befindet sich seit einiger Zeit nicht mehr im Dom, obwohl etliche Reiseführer und Prospekte dies immer noch behaupten. Der weißleuchtende Marmorschrein, auf dessen Wänden die Sage von Phädra und Hippolytus in prachtvollen Halbreliefs dargestellt ist, steht jetzt in der kleinen normannischen Basilika *San Nicola* im Tal der Tempel, sie ist in den Komplex des Neuen Archäologischen Nationalmuseums miteinbezogen. In einer Seitenkapelle dieser Kirche hängt der uralte und zumindest auf Sizilien berühmte Cruzifixus, dessen Legende Luigi Pirandello in seiner Novelle »Christo della nave« aufgriff.

Den Besuch des *Museo Archeologico Nazionale* sollten Sie keinesfalls versäumen, es ist eine der großartigsten und umfassendsten Ausstellungen antiker Kunst. Leider führt die Panoramastraße, die uns ins Tal der Tempel brachte, mit abzweigenden breiten Asphaltbahnen auch zu den Tempeln selbst - das wundervoll geschlossene Landschaftsbild von ehemals wurde dadurch sehr beeinträchtigt. Früher »pilgerte« man zu Fuß von den Parkplätzen zu den verschiedenen Tempeln, heute »fährt man vor«. Und dieses in Massen . . . Falls Sie nicht von Schwärmen schnatternder Touristen gestört sein wollen, übernachten Sie in einem der guten Hotels der Oberstadt - und besichtigen Sie den Tempelbezirk am frühen Morgen. Er wird Ihnen dann zu einem einmaligen Erlebnis. Zarter Dunst steigt aus den tiefer gelegenen Olivengärten zu den antiken Stadtmauern mit ihren Grabnischen, umzieht die - angeblichen - Oratorien des Phalaris und Theron, steigt zu dem Säulenberg des *Herkulestempels* hinauf, der als der älteste der Tempelanlage gilt. Wandern Sie zur Säulenreihe des Tempels der *Juno Lacinia,* zu dem einsam auf seinem Hügel thronenden *Concordiatempel.* Im sechsten Jahrhundert wurde er vom heiligen Gregorius, Bischof von Agrigent, in eine christliche Kirche umgewandelt, in der Mitte des achtzehnten erhielt er wieder seine ursprüngliche Gestalt zurück. Wandern Sie zu den etwas entfernter in einem Tale liegenden Ruinen des *Dioskurentempels,* des *Asklepiontempels,* zu dem niemals vollendeten Heiligtum des *Olympischen Zeus.* Auf der Erde ausgestreckt liegen hier die zusammengefügten Trümmer einer riesigen menschlichen Gestalt, eines Atlanten, der einst bestimmt war, das Gebälk des Tempels zu tragen.
Wandern Sie weiter zum *Quartiere Ellenistico-Romano,* Sie finden hier ein Stadtviertel des alten Akragas ausgegraben - und werden feststellen, daß es mit seinen breiten, rechtwinklig sich kreuzenden Straßen nach durchaus modernen Gesichtspunkten angelegt war. In dieser Stadt wurde um das Jahr 495 v. Chr. Empedokles geboren - Dichter, Philosoph, Politiker, Arzt und Ingenieur. Er besaß für Sizilien eine ähnliche Bedeutung wie Perikles für das antike Athen. Geheimnisvoll wie sein Leben war auch sein Tod - nach der Überlieferung hat sich Empedokles in den Feuerschlund des Ätna gestürzt.
Zum Schluß Ihrer Tempelwanderung suchen Sie noch eine der interessantesten Stätten des alten Akragas auf, sie liegt oberhalb des heutigen Friedhofes. Der Weg führt an der einstigen Stadtmauer entlang zu einem Hügel mit einer schmucklosen kleinen normannischen Kirche: *San Bagio.* Sie war vormals eine Kultstätte der Demeter. Hinter der Apsis sind noch die Fundamente des einstigen Tempels erkennbar. Neben der Kirchen- oder Tempelwand finden Sie zwei große Rundaltäre, der eine war für die Tötung

der Opfertiere bestimmt, der andere für ihre Verbrennung. Dies – und noch viel mehr – wird Ihnen Signor Calogero erzählen, der sein halbes Leben auf der Tempelterrasse verbracht hat. Er ist einer jener passionierten, aber »unstudierten« Kustoden, die viel mehr wissen, als ihnen der Dienst vorschreibt.

Es kommen nur wenige Besucher den alten Tempelweg hinauf, wer die Mühe nicht scheut, wird von Calogero freudig begrüßt und individuell betreut. Lassen Sie sich von ihm den steilen Felsenpfad zu dem hinter dem Tempelberg gelegenen Tal hinunterführen, zu einem Grottenheiligtum der Demeter. Eigentlich ist es eine doppelte Kultstätte, sie war sowohl der »Großen Mutter«, als auch ihrer Tochter geweiht, der zum Hades entführten und zur Todesgöttin gewordenen Persephoneia.

Wenn Sie Calogero für seine Führung danken wollen, schicken Sie ihm nach Ihrer Heimkehr eine Postkarte. Er besitzt bereits eine ganze Sammlung derartiger Grüße von Besuchern, die sich der Bescheidenheit und Menschlichkeit dieses Volksweisen erinnerten. Dazu ein Hinweis: Lassen Sie sich von seinen abwehrenden Gesten nicht davon abhalten, ihm eine Geldspende zuzustecken, er lebt in großer Armut. – Ich habe von ihm übrigens einmal etwas über die Vita seines Namenspatrons San Calogero erfahren, der in ganz Sizilien als Heiliger verehrt wird. Es soll ein Asket aus Chalzedonien gewesen sein, in einer Höhle des Cronio – es ist dies der Berg über Sciacca – gelebt und sich ausschließlich von Hindinnenmilch und Gebeten ernährt haben. Begreiflich, daß er auf seinem Bildnis hager und schmächtig dargestellt ist. Unser Kustode von San Bagio sieht seinem Namenspatron ähnlich, nur daß er keine Mönchskutte trägt.

Von dem einstigen Demeterheiligtum, das anscheinend von der Denkmalspflege des modernen Agrigent ziemlich stiefmütterlich behandelt wird und sich nur der Liebe und Fürsorge eines einsamen alten Mannes erfreut, blicken wir zu den Hochhäusern und Asphaltstraßen der Stadt hinüber, die einstmals »Akragas im Licht, die schönste Stätte der Sterblichen« hieß. Und ich erinnere mich an einige Verszeilen einer Elegie, deren Titel »Klage der Demeter« trägt:

Ach, wo find' ich die Männer von Akragas, von Syracusae,
von Selinunt, die stolzen Söhne der stolzeren Väter,
die das hohe Karthago bedrohten und das höhere Rom?
Scharen von Glücklichen drängten sich einst aus marmornen Toren,
durch die schattigen Haine der Götter, zu Traubengebirgen,
durch die reichen Gefilde, die ich bedeckte mit Garben.
Zeus, Kronion, du Retter – o rette Trinacriens Schöne,
daß sie nicht ganz mit den letzten Trümmern vergehe. . .

Weitere Sehenswürdigkeiten in Agrigent und Umgebung

Sogenanntes *Grabmal des Theron:* unterhalb des Herkulestempels in einem Olivenhain gelegen. Hat jedoch nichts mit dem griechischen Tyrannen zu tun, dessen Namen es trägt. Stammt aus römischer Zeit. Goethe hat das merkwürdige Bauwerk auf seiner Sizilienreise gezeichnet.

Oratorium des Phalaris, führt ebenfalls nur den Namen dieses Herrschers. Wurde von den Normannen zu einer Kapelle umgestaltet (beide Bauten im Tal der Tempel).

In der Oberstadt Kloster und Kirche *Santo Spirito* mit Gräbern der sizilianischen Adelsfamilie Chiaramonte. Kreuzgang.

Caltabellota: auf einer Bergkuppe gelegenes, geschichtlich interessantes Normannenkastell. Kathedrale und zwei weitere Kirchen mit Werken von Antonello Gagini.

Heracleia Minoa: zwischen Agrigent und Scaccia gelegene Ruinenstadt aus antiker Zeit, mit Wehrtürmen, den Resten eines Theaters, einer Nekropole.

Santa Margherita Belice: Palazzo Cuto, einer der Schauplätze von Guiseppe Tommaso di Lampedusas berühmtem Roman «Der Leopard« (Il Gattopardo), ist - wie fast das gesamte Städtchen - bei dem letzten großen Erdbeben zerstört worden. In dem Park, der den auf der Höhe gelegenen, verlassenen Ort umrundet, lädt groteskerweise ein Schild zum »Dancing Gattopardo« ein. . .

Gedenkstätte für Pirandello

Zwischen Agrigent und der Hafenstadt Porto Empedocle liegt auf halber Höhe eines Berghangs ein Landhaus, von den Bewohnern der Umgebung *Villa Causu* genannt. Als ich es vor Jahren zum ersten Mal aufsuchte, standen von ihm nicht viel mehr als die Außenmauern. Neuerdings führt eine Straße bis zu dem Garten mit seinen in vielen Farbschattierungen blühenden Oleandersträuchern, auf dem Vorplatz wurde ein Gedenkstein aufgestellt, das durch Kriegseinwirkungen schwer beschädigte Haus ist wieder instand gesetzt und zu einer Gedächtnisstätte ausgestaltet - für Luigi Pirandello. Er wurde in diesem Haus im Juni des Jahres 1867 geboren.

Bernard Shaw nannte ihn »einen der stärksten und originellsten Dichter des antiken und modernen Theaters«. In Deutschland sind von seinen Bühnenwerken, die das gesamte zeitgenössische europäische Theater beeinflußten, vor allem zwei Stücke bekannt und vielgespielt: »Sechs Personen suchen einen Autor« und »Heinrich der Vierte«.
Pirandello hat außer annähernd vierzig Bühnenstücken auch acht Romane und über zweihundert Novellen geschrieben und zählt zu den bedeutendsten modernen Dichtern Italiens. Seine Stücke sind Gleichnisse, seine Menschen Spiegel; Schein und Sein, Spiel und Wirklichkeit sind in ihren Grenzen nicht fest zu bestimmen und auswechselbar. Seine Erzählungen und Romane zeigen die Zerrissenheit der Welt und des Menschen von heute, der auf der Suche nach seiner Existenz, nach seiner Identität ist. »Wir alle sind Phantome, Scheinbilder: wir sind die Bilder, die wir uns selber machen«, schrieb Pirandello in sein Tagebuch.
Notizen, Entwürfe, Briefe, Urschriften seiner Werke, Dokumente, Fotografien und Bilder – darunter zwei selbstgemalte – sind in den Räumen zusammengetragen, in denen er seine Kindheit verlebte. Faszinierend ein Bildnis seiner wunderschönen Frau Antoinetta. Nach einer Katastrophe, die über die Familie hereinbrach, wurde sie wahnsinnig; Pirandello lebte weiter mit ihr zusammen, bis er sich gezwungen sah, Antoinetta in einer Nervenheilanstalt unterzubringen. Sie hat dort noch weitere vierzig Jahre in geistiger Umnachtung zugebracht.
Ein für den Charakter des Dichters bezeichnendes Bild: der schreibende Pirandello, der sich selbst bei dieser Arbeit als eine Art Spiegelbild über die Schulter zusieht. Man wird fast zwangsweise an einen Ausspruch erinnert, den er einst gegenüber Journalisten machte: »Mein Tod wird mein größtes Abenteuer sein. Ich werde mich hinsetzen und zusehen, wie Pirandello stirbt!«
Er starb 1936 in Rom, zwei Jahre nachdem er den Nobelpreis erhalten hatte. In den Anweisungen, wie er begraben sein wollte, heißt es: »Möge mein Tod vom Schweigen verhüllt sein. Ich bitte meine Freunde und Feinde nicht nur, in den Zeitungen nicht darüber zu sprechen, sondern sich jeder noch so geringfügigen Äußerung zu enthalten. Nach meinem Tod möge man davon absehen, mich zu kleiden; man hülle mich in ein Leichentuch. Ich wünsche weder Blumen auf der Bahre noch brennende Kerzen im Zimmer. Man führe mich mit dem Wagen der Armen. Niemand soll meine sterbliche Hülle begleiten, weder Verwandte noch Freunde. Der Wagen, das Pferd, der Kutscher, das genügt. Man verbrenne meinen Körper und streue meine Asche in den Wind. Denn ich will, daß nichts übrigbleibe von mir, auch nicht die Asche. Jedoch, wenn dieser Wunsch

»Nackte Masken« nannte Luigi Pirandello sein Gesamtwerk. Eine Doppelmaske ist der einzige Schmuck der Gedenkstätte des Dichters

nicht erfüllt werden kann, möge die Urne mit meiner Asche nach Sizilien überführt werden, dort soll sie unter irgendeinem groben Stein liegen, in der Landschaft von Agrigent, wo ich geboren bin.«

Von Pirandellos Geburtshaus führt ein schmaler Steig durch Olivenfelder und Macchia zu einer großen Pinie. Unter ihrem breiten, windzerzausten Dach steht ein gelber Sandsteinfelsen, ein Findling, der auf zwei unbehauenen Steinblöcken ruht. Darunter eine Zementplatte, auf der noch die Spuren der Fußabdrücke der Arbeiter zu sehen sind. Auf dem Sandsteinblock als einziger Schmuck zwei Masken.

»Eine einsame Pinie im Olivenhain . . . Silbrige Höhenzüge über dem afrikanischen Meer . . .« Worte des Pirandello-Zitates auf dem Gedenkstein vor seinem Elternhaus, sie gelten der Nacht, in der er geboren wurde, und zeichnen genau das Bild der Stätte, wo die Asche des Toten ruht. »28. giugno 1867: Una notta die giugno caddi come una lucciola scotto pino solitario in una campagna d'olivi saraceni affaciata agli orli d'un altipiano d'argile azurre sul mare africano. (Luigi Pirandello)«

Rast in Falconara

Wenn Sie von Agrigent nach Syrakus reisen und die Route nicht durch das Inselinnere, über Enna, nehmen, dann geht es zuerst die Küste entlang – nach *Licata* und *Gela,* dann durch das Land weiter über das pittoreske *Ragusa* und das Barockstädtchen *Noto.* Falls Sie mit dem Wagen unterwegs sind, möchte ich Ihnen bis Gela zwei Haltepunkte empfehlen. Zuerst kommt – noch vor Licata – wieder ein Schauplatz von Lampedusas berühmtem Roman »Der Leopard«: *Palma de Montechiaro.* Leider hat das Städtchen seine Paläste und Kirchen sehr verfallen und herunterkommen lassen. . . Zu ihrer Weiterfahrt nun ein kleiner Geheimtip: Zwischen Licata und Gela sehen Sie auf der linken Straßenseite ein Schild »Falconara«. Biegen Sie ab. Bis vor einiger Zeit gab es da nur ein aus dem vierzehnten Jahrhundert stammendes malerisches Schloß, das eine Keramiksammlung beherbergte. Unterhalb des Palmenwaldes liegt um eine schöne kleine Sandbucht ein einstöckiger Hotelrundbau. Leider ist das Albergo nur von Mai bis September geöffnet. Falls Sie um diese Zeit unterwegs sind, können Sie am »Lido Sorriso« zu *Falconara* einige erholsame Stunden – oder Tage – verbringen.

Vorbild Riesi

Im Jahre 1961 begann der aus Norditalien stammende valdensische Pastor Tullio Vinay in einem der ärmsten Gebiete Siziliens eine soziale Aufbau-

arbeit, die den Namen der kleinen Stadt Riesi zu einem Begriff machen sollte. Mit einer Gruppe freiwilliger Helfer aus verschiedenen Berufen und Nationalitäten schuf er mit seinem »Servizio Christiano« ein Vorbild und Beispiel - nicht nur für Italien. Vinay bezeichnete seine Arbeit als ein »universales Vorhaben« - es hat sich aus kleinsten und primitivsten Anfängen und Hilfsmaßnahmen entwickelt. In der einst trostlosen Stadt erwuchs eine Oase der Hoffnung, der unmittelbaren menschlichen Hilfe.
Hinter der *Porta valdense* liegt der Hügel mit den weißen Häusern des *Servizio Christiano:* mit seiner Elementarschule, seinem Kindergarten, der ärztlichen Beratungsstelle, dem landwirtschaftlichen Zentrum, der Mechanikerschule. Unten in der Stadt gibt es eine auf die Initiative des Servizio Christiano zurückgehende Stickerei-Genossenschaft mit Arbeitsmöglichkeiten für die Frauen Riesis, eine Werkstatt und Fabrik für Autozubehör; Agrargenossenschaften sind gegründet worden, eine Schuhmacherschule ist geplant, der eine kleine Schuhfabrik angeschlossen werden soll. Das große Problem von Vinay und seinen Freunden sind die aus dem Ausland wieder in ihre Heimat zurückkehrenden Gastarbeiter, denen eine neue Existenz geschaffen werden muß.
Falls Sie für dieses beispielhafte soziale Aufbauwerk Interesse und Zeit und Möglichkeit zu einem Umweg von etwa dreißig Kilometern haben, fahren Sie von *Licata* oder *Falconara* aus nach *Riesi.* Sie werden im Servizio Christiano ebenso herzlich und gastfreundlich empfangen werden, wie dies auch bei uns der Fall gewesen ist. Sie können alle Einrichtungen besichtigen, mit Vinays Mitarbeitern und den von ihnen Betreuten sprechen. Und an den gemeinsamen Mahlzeiten in dem hellen Speiseraum teilnehmen, dessen Längswand eine große Fotografie der wundervollen »Abendmahl«-Skulptur des Naumburger Münsters schmückt. Vielleicht werden Sie auch Tullio Vinay selbst kennenlernen - eine große, unvergeßbare Persönlichkeit. Er ist jedoch jeweils nur eine Wochenhälfte in seiner Gemeinschaft zu Riesi, die anderen Tage amtiert er im Senat in Rom, in den er als »Unabhängiger« berufen wurde, der für die KPI kandidierte, die sich von der Ideologie östlicher Prägung bekanntlich wesentlich unterscheidet. Tullio Vinay hat diese Berufung angenommen, die für ihn als Priester die Verkündigung einer neuen Welt ist, wie sie sich - nach seinen Worten - in der Person Christi zeigt, der in die Welt kam, um zu dienen und zu helfen.

Siziliens Belvedere – Enna

Am »Nabel der Welt« . . .

Nicht nur von unserer Küstenstraße, von allen Seiten führen Straßen nach Enna. »Nabel Siziliens« hatte Cicero die im Mittelpunkt der Insel gelegene Stadt genannt. Auf einigen Prospekten ist sie jetzt als »Mittelpunkt der Welt« deklariert. Zu diesem Titel dürften sich Kommentare erübrigen . . . Auf die Bezeichnung »Il Belvedere della Sicilia« hat Enna aber durchaus berechtigten Anspruch. Auf ihrem nach allen Seiten zur Tiefe steil abfallenden Bergrücken gleicht die Stadt tatsächlich einer riesigen Aussichtsterrasse.

Durch ihre strategisch günstige Lage ist sie in allen Phasen ihrer Geschichte so gut wie uneinnehmbar gewesen - es sei denn, sie fiel durch Verrat oder List. Seit den Tagen ihrer siculischen Urbevölkerung spielte sie in allen Kriegen und Aufständen eine wichtige Rolle: während der Besiedlung durch die Griechen aus Syrakus, während der Punischen Kriege, im berühmten Sklavenkrieg gegen Rom, der von Enna aus seinen Anfang nahm. Aus dem antiken »Henna« wurde »Casr-Jani«, als es die Araber eroberten - durch Verrat. Fünfundzwanzig Jahre lang belagerten die Normannen die Bergstadt, die Hohenstaufen mußten sich ihren Besitz mühsam erst erkämpfen. Sie hieß nun »Castrogiovanni« - bis zum Jahre 1927, wo sie ihren ursprünglichen Namen zurückerhielt.

Im Zweiten Weltkrieg wurde Enna durch Luftangriffe der Amerikaner erobert und erlitt bei den Bombardements schwere Schäden.

Nördlich der Stadt liegt wie ein kleineres Spiegelbild eine andere Bergstadt, *Calascibetta* - nicht zu verwechseln mit *Caltanissetta*. Beide befinden sich ungefähr auf gleicher Höhe und sind nur wenige Kilometer voneinander entfernt. Bei den verschiedenen Belagerungen Ennas hat Calascibetta stets eine besondere strategische Aufgabe zugewiesen bekommen, ob es wollte oder nicht . . .

Absolut kriegerisch wirkt auch heute noch das mächtige Kastell am Ostende von Enna, es soll einst zwanzig Wehr- und Wachtürme besessen haben. In einem der drei Höfe dieser jetzt *Castello di Lombardia* genannten Burganlage finden im Sommer festliche Opernaufführungen statt. Wir steigen zur Terrasse der *Torre Pisana* hinauf, von der sich ein Rundblick bietet, der beim besten Willen nicht anders als »unvergleichlich« genannt werden kann.

Zur Besichtigung eines weiteren interessanten historischen Bauwerkes müssen wir uns bis ans entgegengesetzte südwestliche Ende der Stadt begeben. Hier liegt ein achteckiger Turm aus staufischer Zeit, er trägt seinen Namen nach Friedrich II.: *Torre Federigo.* Er wird von Außenmauern umgrenzt, die gleichfalls achteckige Form besitzen. Die Wege der schönen, schattigen Gartenanlage führen im Kreis zu dem Hügel hinauf, dessen Gipfel den Turm des Stauferkaisers wie eine Krone trägt. Die ganze Anlage besitzt die gleiche bauliche Konzeption wie das apulische Castel Monte – nur en miniature.

Auf halbem Wege zwischen Castello di Lombardia und Torre Federigo liegt an der Piazza Mazzini der Dom von Enna, mit einer recht eigenartigen barocken Fassade. Von der christlichen Kultstätte nun zu einer heidnischen, sie soll die älteste Siziliens sein, und das einstige Zentrum des auf Trinacria heimischen Demeter-Kultes. Von hier aus herrschte die mütterliche Göttin des Kornes und der Fruchtbarkeit über ihr Inselreich. Von ihrem unterhalb des Lombardenkastells auf einem Hügel gelegenen Heiligtum, heute *Rocca di Cerere* geheißen, sind nur mehr einige Felstrümmer und Mauerreste zu sehen.

In einer Entfernung von etwa zehn Kilometern liegt unterhalb von Enna der *Lago di Pergusa,* auch er ist mit dem Demeter-Mythos verbunden: Nach uralten Überlieferungen war er der Schauplatz des Raubes der Persephone. Pluto, der Herr der Unterwelt, entführte von den Ufern des Sees die Tochter der Demeter in sein unterirdisches Reich. Am Südgestade des Lago di Pergusa wird eine Höhle als »Eingang zur Unterwelt« gewiesen. In groteskem Gegensatz zu den antiken Mythen führt jetzt eine Autorennbahn rund um den See. Die Uferwiesen, auf denen »Persephoneia blumenpflückend gewandelt«, sind jetzt von Asphaltbahnen bedeckt, über die heulende Motoren rasen. Tempora mutantur . . .

Wir fahren weiter auf der über Piazza Armerina nach Gela führenden Straße zur Küste zurück.

Weitere Sehenswürdigkeiten in Enna und Umgebung

Chiesa San Tommaso: 15. Jahrhundert mit schönem Campanile in gotisch-katalanischem Stil.

Museo Alessi mit reichhaltiger Münzsammlung. Domschatz. Dombibliothek.

Caltanissetta: Wirtschaftlich bedeutendste Stadt Innersiziliens (Schwefelgewinnung). Abteikirche *Santo Spirito* aus der Mitte des 12. Jahrhunderts. Aragonesenkastell *Pietrarossa. Palazzo Beauffremont.*

Centuripe: alte Siculerstadt. Von Friedrich II. zur Strafe für einen Aufstand teilweise zerstört, Bewohner nach Augusta umgesiedelt. Sogenanntes *Castello del Corradino* (1. Jahrhundert n. Chr.), ein römisches Mausoleum. *Museum* mit interessanten Funden (griechische Masken, Vasen, Statuetten).

Sperlinga: Pittoreskes hochgelegenes Höhlendorf. Zum Teil noch heute bewohnte Felsgrotten. Zur mittelalterlichen Burg steile Felstreppe. Sperlinga gewährte bei der »Sizilianischen Vesper« als einziger Ort der Insel flüchtigen Franzosen Asyl. Diesbezügliche Inschrift am Tor.

Nicosia: Malerische Stadt in den Nebrodischen Bergen. Wegen ihrer Treue verlieh ihr Friedrich II. den Beinamen »Constantissima« - die Beständigste. *Kathedrale* mit mächtigem Campanile. Kirche *Santa Maria Maggiore* mit Thron Kaiser Karl V.

Piazza Armerina: Dom im normannischen Stil, mit Werken arabisch-sizilianischer Kunst. Das sogenannte »Großpriorat« *Sant'Andrea,* aus dem Jahre 1091.

Morgantina: Neues Ausgrabungsgelände der Amerikaner, nordöstlich von Piazza Armerina.

Bei den Bikini-Mädchen der Villa Casale

Er saß auf einem Mäuerchen der »Unterstadt« von *Piazza Armerina,* bohrte in der Nase und hieß Onofrio - weiß der Himmel, wie er zu diesem in Sizilien wenig gebräuchlichen Namen gekommen sein mag. Neben sich hatte er eine Anzahl Postkarten ausgebreitet, die in farbenprächtiger Wiedergabe die berühmten Mosaiken der *Villa Casale* zeigten, zu der wir unterwegs waren. Sie wirkten etwas abgegriffen, um es gelinde auszudrücken. Aber Onofrio pries sie uns an, als die einzigen Exemplare, die es von dieser hochkünstlerischen Serie noch gäbe, alle übrigen wären bereits verkauft. Der Junge mochte etwa zehn oder elf Jahre alt sein, daß er bereits dreizehn wäre und Onofrio hieße, haben wir erst ein Weilchen später erfahren . . . »Ich verstähen deitsch!«, verkündete er stolz, als wir mit unserem Wagen bei seinem improvisierten Laden hielten. Onofrio hatte offenbar schon von weitem unser deutsches Kennzeichen erkannt, uns

mit beiden Armen enthusiastisch zugewinkt, worauf wir belustigt dicht an sein Mäuerchen heranfuhren. »Sie kaufen mir prima Cartolini von Villa Casale ab, ja?«, bettelte er, »sind bei mir viel billiger wie bei andere!« - was beim Zustand seiner Karten durchaus verständlich war.
»Wieso kannst du denn so gut Deutsch?«, wollte ich wissen. »Vom Nonno, hat in Germania gearbeitet und mir alles gelernt, wie wieder zurück in Sicilia war.« Der alte Herr muß ein guter Lehrer sein, stellten wir fest. Der Kleine strahlt. »Sì, sì, Nonno is prima Lehrer, aber nix alt. Wird nächste Monat erst funfzig. Gibt dann große Festa bei uns. Wollen beide Signore kommen? Sind eingeladen!« Wir bedanken uns, müssen aber leider ablehnen, da wir dann ja wieder zu Hause zu sein hätten, in Germania. Der Enkel des »nix alten« Großvaters betrachtet von seinem erhöhten Platz aus sachverständig unseren Wagen. »Is prima Macchina«, stellt er fest. »Hat viel Platz. Signore wollen doch nach Villa Casale? Ob mich mitnehmen? Bitte . . . Bin prima Kustode. Werde zeigen, wie man Mosaici noch viel schöner sehen kann, molte bello!«
Die schwarzen Augen flehen. Wir können nicht widerstehen. »Steig ein!«, sage ich. Ein Jubelschrei - im Nu sind alle prima Cartolini zusammengerafft, und ihr Besitzer springt vom Mäuerchen. »Ich - Onofrio!«, stellt er sich vor, sobald er neben dem Wagen steht und schlägt sich auf die Brust. Er macht sogar die Andeutung einer Verbeugung. Ob ihm der Nonno das auch beigebracht hat? Dann klettert Onofrio in die »prima Macchina«. Als er auf dem Rücksitz unsere vierbeinige Reisekameradin entdeckt und Poverellas Geschichte erfährt, steht für ihn fest, daß wir ganz »prima Signore« sind.
Wir bekommen nun detaillierte Anweisungen, wie wir am schnellsten und sichersten zur Villa Casale kämen, ohne Onofrios Erläuterungen hätten wir zweifellos niemals hingefunden. Sie ist zwar nur sechs Kilometer von Piazza Armerina entfernt, und ich bin schon mehrfach dort gewesen, aber ich wollte Onofrio nicht die Freude verderben.
Die *Villa Romana del Casale* ist ein ehemaliger herrschaftlicher, nach anderer Version sogar herrscherlicher Landsitz des dritten Jahrhunderts n. Chr. Man nimmt an, daß er von Maxentius, dem Mitkaiser Diokletians, erbaut wurde. Eigentlich ist dieser Landsitz auch gar keine »Villa« - allein, was seine Ausmaße anbetrifft. Eher ein Palazzo - vielleicht ein Jagdschloß. Denn unter den Mosaiken, die über eine Fläche von viertausend Quadratmeter den Fußboden bedecken, gibt es viele Jagdszenen und Tierkämpfe. Die Ausgrabungen der Mauern, beziehungsweise die Freilegung der Mosaiken, hatten bereits vor dem letzten Weltkrieg begonnen; nach Kriegsschluß wurden sie wieder aufgenommen und 1950 abgeschlossen.

Blick von Enna nach Calascibetta

Jahrhundertelang war das ganze Areal durch ein Erdbeben verschüttet, die ersten Mosaiken entdeckte man Ende des achtzehnten Jahrhunderts. Der seit einiger Zeit auch *Villa Imperiale* genannte, einstmals sehr luxuriöse Gebäudekomplex liegt, in Terrassen gegliedert, über einem schattigen Waldtal. Ehe man zu dem Ausgrabungsgelände gelangt, muß man am Endpunkt der Straße, wo auch der Parkplatz gelegen ist, die Eintrittskarten lösen.

Unser neuer Freund springt als erster aus der Macchina, stürmt zum Schalter und verlangt drei Biglietti. »Ich führe die Damen«, erklärt er würdevoll. Gleich darauf fragt er unvermittelt: »Haben Sie Handtuch bei sich?« – Ich habe. Onofrio nimmt es in Empfang und schreitet – man kann wirklich kein anderes Wort als »schreiten« sagen – gravitätisch vor uns den Weg zur Villa Casale hinab. Plötzlich ist er verschwunden. Nach einigen Augenblicken kehrt er zurück und schwenkt triumphierend ein altes, ziemlich verbeultes Eimerchen, läuft damit zum Bach, der neben uns im Gebüsch gluckert, füllt das Gefäß mit Wasser und trägt es wie eine Opferschale vor sich her. »Wozu?« – will meine Freundin wissen. Onofrio sagt mit geheimnisumwitterter Miene: »Wozu? – Oh, Sie wärden sehen! Wärden staunen . . .« Mir ist inzwischen klargeworden, wozu er Handtuch und Wassereimerchen verwenden will. Ob man es gestatten wird? Aber der weite Komplex der Villa Casale mit ihren Terrassen, Höfen, Sälen und Gängen ist fast menschenleer. Kein weiterer »Kustode« ist zu sehen. Die Besucher bleiben sich selbst überlassen. Es sind heute nur wenige, und diese halten sich in den treibhausähnlichen Bauten auf, die über den Mosaiken zum Schutz vor den Unbilden der Witterung errichtet wurden. Aber nicht alle Mosaici sind sozusagen »unter Dach und Fach«. Manche befinden sich auch im Freien – und bei ihnen kann jetzt unser Onofrio in Aktion treten. Er kniet nieder, das Handtuch wird ins Eimerchen getaucht. Dann streicht er – unendlich liebevoll und behutsam – über das vor ihm befindliche Mosaikbild, die Feuchtigkeit läßt die Farben und Konturen ungleich stärker und leuchtender hervortreten. Sobald die intensiven Sonnenstrahlen die Nässe trocknen, verblaßt das Bild. Onofrio ist jedesmal über das Ergebnis seiner Bemühungen hochbeglückt, erwartungsvoll sieht er zu uns auf. Wir staunen und bewundern gebührend. Er rutscht auf den Knien weiter, erklärt und erläutert uns Figuren und Ornamente. Wir lassen ihn gerne gewähren und hören hingebungsvoll zu. Schließlich beugt sich unser kleiner Kustode ganz tief zu einem Amor hinab und küßt den geflügelten Liebesgott voll Andacht auf die Nase.

»Wenn Sie erst die anderen Mosaici sehen werden«, sagt er und vergißt vor Begeisterung das vom Nonno erlernte Deutsch, »die großen Götter, die Helden, die Fischer, die Hirten und Jäger, die vielen Tiere und – Dio mio, fast hätte ich die Bikini-Mädchen vergessen!: *Il Ragazzi di Bikini«*... Kurz darauf klettern wir mit Onofrio über schmale Holzstiegen zu den etliche Meter über den Mosaiken angebrachten Stegen; von ihrer Höhe aus kann man die oft riesigen Bildwerke ausgezeichnet überblicken, an ihnen entlang gehen, jede Einzelheit betrachten, die wunderbar lebendigen Jagdbilder, die Wagenrennen und Zirkusszenen. Und die berühmten Mädchen im »Bikini«, der anscheinend bereits im alten Rom modern gewesen ist. Im Gegensatz zu anderen auf den Mosaiken dargestellten weiblichen Gestalten, sind diese »Ragazzi« übrigens keineswegs besonders reizvoll. Da eines der Mädchen einen Palmzweig in der Hand und eine Art Lorbeerkrone über ihren Kopf hält, nimmt man an, daß es sich bei den Damen um Sportlerinnen und eine Siegerehrung der Dargestellten handelt. Andere Mosaikbilder sind bei weitem künstlerischer gestaltet, aber die »Bikini-Mädchen« sind die Sensation der Villa Casale.

»Mußt du um eine bestimmte Zeit zu Hause sein, Onofrio?« fragten wir unseren Begleiter auf der Rückfahrt nach Piazza Armerina. Er verneint energisch. Mir ist nämlich eine Idee gekommen – ich will unseren kleinen Kustoden zum Abendessen einladen. Freilich müssen wir dann auf den Besuch des in der Oberstadt gelegenen Barockdomes verzichten. Aber es fällt nicht schwer, als wir feststellen, welche Freude wir dem Jungen mit unserer Einladung machen. Wie wird er bei seinen Freunden damit angeben können ... Er kann uns sogar ein gutes Lokal vorschlagen, in dem er natürlich noch nie gewesen ist ... »Ecco, man weiß so etwas eben!«, erklärt er auf meine diesbezügliche Frage. Am Parkplatz der Villa Casale machte ein Ristorante »Toto« für sich Reklame – aber Onofrio bringt uns zu einem anderen. Suchen Sie es auf, wenn Sie in Piazza Armerina Station machen! Es liegt an der Haupt- und Zufahrtsstraße nach – oder von – Enna. Trotz seines spanischen Namens serviert man im »Sombrero« beste sizilianische Gerichte – die Padrona kocht selbst. Es ist ein recht originelles Ristorante: rustikales Mobiliar, ein Palisadenzaun aus unbehauenen Holzstämmen läuft um den nicht sehr großen Speiseraum, die Beleuchtung kommt von Lampen, die auf zwei Wagenräder montiert sind, auf buntgedeckten Tischen stecken die Blumen in Weinflaschen, die Speisen werden auf handgemalten Tellern kredenzt.
Es war eine Freude zu sehen, wie es Onofrio schmeckte. Für den Nonno ließen wir ihm eine Flasche von dessen Lieblingswein mitgeben – der Enkel kannte die Marke. Onofrio bedankte sich mit drei seiner famosen Postkarten. Ich habe erst später die Angaben auf der Rückseite gelesen. Sie sind

viersprachig abgefaßt, die deutsche Übersetzung des Textes sei Ihnen nicht vorenthalten in Originalwortlaut und Originalrechtschreibung:
Karte 1: »Kinder, die ziechen fischinetz.«
Karte 2: »Vestibulium geringfügig zirkus, Einzelheit von die Lauf.«
Karte 3: »Cubicolo von die Bühne, erotisch«.
Ich hoffe, Sie können sich vorstellen, was die also beschriebenen Mosaiken der Villa Casale vorstellen. Nötigenfalls kann Ihnen Onofrio Auskunft geben. Er sitzt vielleicht wieder auf seinem Mäuerchen, wenn Sie nach Piazza Armerina kommen, und verkauft die letzten, die allerletzten Postkarten jener Serie . . .

Sizilianisches Texas

Gigantisch wachsen Bohrtürme und Stahlgerüste, Förderanlagen und Werkhallen aus ockerfarbener Erde und weißflimmerndem Sand. »Sizilianisches Texas« nennt man die Region um die Städte Gela, Ragusa und Augusta. Seit im Jahre 1956 bei *Gela* riesige Erdölvorkommen gefunden wurden, hat sich die von Kolonisten aus Rhodos gegründete griechische Siedlung, die von den Karthagern zerstört und von dem Stauferkaiser Friedrich II. als »Terranova« wieder neu aufgebaut wurde, zu einem der größten Industriezentren Italiens entwickelt. Seit 1928 führt der einstige Regierungssitz des berühmten Tyrannen Gelon wieder seinen alten Namen. Heute herrscht Öl über Gela. Man kann kaum mehr etwas von der einstigen Schönheit der Stadt feststellen, die sich der Dichter Aischylos als Wahlheimat erkor, und wo er auch starb.
Wir durchfahren die Straßen und stellen an fast allen Balkons der anliegenden Häuser einen einheitlichen Girlandenschmuck fest. Bei näherem Hinsehen erweist er sich als riesige Ketten von Knoblauchzwiebeln. Knoblauch und immer wieder Knoblauch, zu Ornamenten geformt, als Fensterumrahmung und Türschmuck. Nichts als Knoblauch. Seine Düfte durchströmen die Stadt. Wir fliehen zur nächsten Metropole des »sizilianischen Texas«: *Ragusa.*

Zwei Welten in Sizilien: der arbeitsmüde Bauer auf seinem alten Caretto vor der Kulisse der modernen Ölraffinerie von Gela

An der Stelle der einstigen Burg und Siedlung der seculischen Ureinwohner hatten die Tyrannen von Gela eine Tochterstadt gegründet. Sie besitzt eine einzigartige geographische Lage. Man ist von der Silhouette der Stadt fasziniert, die über zwei tiefen Schluchten thront. Der Besuch des prunkvoll barocken Domes in der Oberstadt, *Ragusa Superiore,* ist ebenso lohnend wie der einer gleichfalls barocken Kirche, San Giorgio, in der Unterstadt, *Ragusa Ibla.*

Der Name leitet sich von der einstigen antiken Stadt Hybla Haerea ab. Wie Gela ist auch Ragusa durch seine Erdölvorkommnisse, vor allem aber durch Asphaltfunde, die zu den ergiebigsten der Welt zählen, ein wichtiges Wirtschaftszentrum geworden. Zwei Museen von recht unterschiedlichem Charakter repräsentieren die alte und die neue Geschichte der Stadt und ihrer Umgebung: in dem kleinen in der Industriezone gelegenen »Museo del Petroleo« kann man sich eingehend über alle Phasen der Erdölgewinnung informieren. Das »Museo Archeologico« im hochgelegenen Stadtteil birgt interessante Funde aus den Totenstädten der Umgebung.

Macht und Pracht des alten Ragusa repräsentieren auch zwei Paläste, die den Namen »Donnafugata« tragen. Der »Palazzo Donnafugata di Ibla« besitzt einen großen Ballsaal und andere, mit kostbaren alten Möbeln eingerichtete Säle, viele Kunstgegenstände und Gemälde alter Meister. Außerhalb der Stadt findet man dann noch in etwa zwanzig Kilometern Entfernung das Landschloß Donnafugata, es liegt in einem schönen Park und wurde im vergangenen Jahrhundert um einen alten Wachturm gebaut.

Die dritte große Industriemetropole *Augusta* liegt bereits auf der Strecke von Syrakus nach Catania, da sie aber zum »sizilianischen Texas« zählt, wollen wir sie hier noch anführen. Auch Augusta ist eine kaiserliche Neugründung auf antiker Stätte, wie schon der Name besagt. Der »Augustus« Friedrich II. baute sie über dem antiken Xiphonia wieder auf. In ihrer weiteren Geschichte war die Stadt zweimal Mittelpunkt von Ereignissen, die für das gesamte Abendland entscheidend waren: anno 1571 versammelte sich in den beiden großen Hafenbuchten Porto Megarese und Porto Xiphonio, zwischen denen die Stadt auf einer Landzunge liegt, die Flotte des Don Juan D'Austria. Ihr Sieg bei Lepanto bannte die Türkengefahr von Europa. Im Jahr 1943 landeten bei Augusta – ebenso auch bei Gela und Licata – in breiter Front die amerikanischen Invasionstruppen und besetzten von hier aus Sizilien.

Das historisch interessanteste Gebäude Augustas ist das von Friedrich II. ausgebaute normannische Kastell, in seiner architektonischen Konzeption erinnert es an die Burgen von Syrakus und Catania. Leider ist es heute ziemlich verwahrlost und dient als Gefängnis.

Wir haben mit der Anführung der dritten Metropole des »sizilianischen Texas« unserer Route vorgegriffen. Denn eigentlich befinden wir uns auf unserer Rundreise erst zwischen Ragusa und Syrakus. Und hier gibt es jetzt nochmals Aufenthalt, einen auch für Sie interessanten, wie ich hoffe . . .

Unterirdische Fliehburg eines Tyrannen

»Sie können es mir glauben, Signora, es handelt sich tatsächlich um eine unterirdische Fliehburg des Tyrannen Hieron II.«, beteuerte mir Paolo, seines Zeichens Kustode der Ausgrabungsstätten des antiken *Akrai* oberhalb von Palazzolo Acreide, einem hübschen Barockstädtchen, das ich schon mehrmals besucht hatte. Ich kannte bereits das gut erhaltene kleine griechische Theater, die Reste des sogenannten Odeons, eines Rathauses und mehrerer anderer Bauten. Ich hatte die recht interessanten Latomien besichtigt mit ihren aus dem Stein gehauenen Grabnischen und Steinsarkophagen, Nekropolen aus griechischer, frühchristlicher, byzanthinischer Zeit. Ich war abends nochmals zu den Ruinen hinaufgestiegen, um mit Paolo einen Termin zu vereinbaren, an dem wir am nächsten Tag die in einem Seitental gelegenen Felsbilder besichtigen wollten, die hier unter dem Namen »Santoni« bekannt sind und als Zeugnisse eines Kultes der kleinasiatischen Göttin Kybele angesehen werden. Nun wollte mir Paolo am nächsten Tag noch eine besondere Attraktion bieten. Er behauptete, es gäbe auf dem Gelände der Zona Archeologica eine unterirdische Festung des berühmten Tyrannen Hieron II. Da Akrai eine Gründung von Syrakus war, lag das Vorhandensein einer geheimen, außerhalb ihres Stadtgebietes gelegenen Zufluchtsstätte der Beherrscher von Syrakus im Bereich des Möglichen. Paolo versicherte mir, sein Vater habe vor etwa fünfzig Jahren bei den Ausgrabungen mitgearbeitet, die von einem in Palazzolo Acreide ansässig gewesenen adeligen Herrn, einem Archäologen und Historiker, durchgeführt und finanziert worden seien.

Nach dem Tod des »Barone« sei die ganze Sache allmählich in Vergessenheit geraten. Er, Paolo, wäre als Junge mit seinem Vater öfters in den Gewölben gewesen und steige auch noch heute ab und zu einmal »hinunter«. Ob ich Lust hätte, mir diese unterirdische Fliehburg des Hieron einmal anzusehen? Die Sache sei absolut ungefährlich, ich müsse mich nur entsprechend anziehen, die Schächte und Durchlässe seien oft sehr eng und feucht. Und dunkel sei es natürlich auch, wir müßten Lampen mitnehmen.

Ich kletterte also am nächsten Tag mit Paolo durch Gestrüpp und Gestein zu einem verborgenen Einstieg, der aus dem Erdreich noch etwas her-

ausragte, glitt über glitschige schwarzgraue Stufen, zwängte mich durch enge Stollen, rutschte abwärts, immer gestützt von Paolos hilfreichen Händen. Schließlich gelangten wir zu Kammern und Gewölben, beim Schein unserer Lampen konnte man sehen, daß sie behauen und bearbeitet waren. Man konnte Steinsitze erkennen, aus dem Fels geschlagene Tische, Bänke. Ein Gewölbe bezeichnete Paolo als »Pferdestall«, an den Wänden gab es eiserne Ringe zum Anpflocken der Tiere und steinerne Futtertröge. Auf meine Frage, wie denn die Pferde in diese Tiefe hätten gelangen können – Paolo nannte mir vierzig Meter – bekam ich einen schräg nach oben führenden, etwa zwei Meter hohen Gang gewiesen, der aber inzwischen verschüttet und nicht mehr passierbar war. Sogar eine Zisterne gab es in dem unterirdischen Reiche Hieron II. – wenn es das seine war . . . Der Aufstieg zur Oberwelt gestaltete sich schwieriger als der Abstieg.
Bei der späteren Besichtigung der »Santoni« hatte Freund Paolo eine etwas andere Deutung, als die meist in Reiseführern verzeichnete. Ich habe sie später einem amerikanischen Archäologen unterbreitet, der seit einigen Jahren Sizilien besucht, er sagte mir, daß die Auslegungen meines »unstudierten« Kustoden durchaus nicht von der Hand zu weisen sind. Die bewußten Santoni befinden sich auf halber Höhe eines Felsentales, ungefähr zwanzig Minuten vom Areal von Akrai entfernt. Es sind Halbreliefs, die dargestellten Gestalten besitzen etwa dreiviertel Menschengröße. Die Felsbilder wurden durch Holzverschalungen mit abschließbaren Türen geschützt, einige dieser Türen hängen aber nur mehr lose in ihren Angeln. Drei oder vier Steinbildnisse zeigen eine thronende Frauengestalt, Gesichtszüge und Gewandung sind bereits sehr verwittert. Die Reliefs sollen aus dem dritten Jahrhundert v. Chr. stammen und die Göttin Kybele darstellen. Ein Kultbild zeigt sechs Figuren. Paolos Erklärung lautet: Die in der Mitte thronende Gestalt sei Demeter. Zu ihrer rechten Seite – also links vom Beschauer – sieht man zweimal die gleiche Gestalt: beide Male sei dies Persephone, die Tochter der Göttin, zuerst zum Hades absteigend, dann zur Oberwelt wiederkehrend. Die Figur auf der gegenüberliegenden Seite scheint ein Saiteninstrument in den Händen zu halten. Dies sei Orpheus. Die beiden letzten Gestalten stellten die Dioskurenbrüder Kastor und Pollux dar . . . Ich fragte Paolo, woher er diese Erklärung nehme, sie stünde in keinem Buch. »Ich weiß«, schmunzelte er, »offiziell soll man auch sagen, es wäre ›Kybele‹. Aber für uns ist es unsere sizilianische ›Demeter‹. Ihnen kann ich ja die Erklärung geben, die die Leute hier in der Gegend für die Felsbilder haben. Vielleicht ist es immer die gleiche Muttergottheit, die nur bei jedem Volk einen anderen Namen hat, meinen Sie nicht auch?« Ich habe Paolo nicht widersprochen.

Syrakus: von Dionys, dem Tyrannen, zur weinenden Madonna

Abendspaziergang durch Ortygia

Im Dezember des Jahres 1801 schnallte zu Grimma in Sachsen der damals achtunddreißigjährige Johann Gottfried Seume den Tornister, um seinen berühmt gewordenen »Spaziergang nach Syrakus« anzutreten. Er wollte »sein Zwerchfell ein wenig auslüften«, wie er schreibt. »Wer geht, sieht mehr, als wer fährt!«, lauten die Anfangsworte seines Reiseberichtes, der auch noch heute amüsant zu lesen ist. Seume ist erst nach Monaten am Ziel seiner Sehnsucht angekommen, aber er hat »viel gesehen«. Bei dem Herrn in der Halle meines Hotels dürfte dies kaum der Fall gewesen sein. »Wir haben die Strecke Deutschland – Sizilien in knapp zwei Tagen geschafft«, hörte ich ihn sagen. »Nun wollen wir hier übernachten und morgen mittag weiterfahren. Ein halber Tag wird ja wohl genügen, um Syrakus kennenzulernen.« Ich hätte seinen Irrtum gerne berichtigt, aber er war schon wieder von dannen geeilt, zu seinem Superwagen, der chromblitzend vor der Türe stand. Hätte der Herr die lange Liste der Sehenswürdigkeiten gelesen, die in dem Prospekt des örtlichen Touristenbüros angeführt sind, hätte ihn vielleicht der Schlag gerührt. Oder er hätte »aufgegeben« und wäre sofort weitergebraust. Ich möchte Ihnen nur eine kleine Auswahl anempfehlen, die Sie selbst beliebig erweitern können.
Spazieren wir vorerst einmal – um mit Seume zu sprechen – nach Syrakus, das heißt, nach seiner »Altstadt« *Ortygia.* Sie liegt, von der »Neustadt« auf dem Festland durch eine Brücke getrennt, auf einer weit ins Meer hinausragenden Landzunge. Freuen Sie sich an den bunten Hafenbildern, die Sie zu beiden Seiten der Brücke sehen. Wir folgen der Uferpromenade die »große Bucht« entlang, sie war in der Antike Schauplatz zweier berühmter Schlachten. Soll ich Sie mit Jahreszahlen langweilen? Lesen Sie im Geschichtsbuch nach . . . An einem alten Stadttor vorbei und den Grünanlagen vor Marine- und Seeamt kommen wir zu der vielleicht berühmtesten Stätte auf Ortygia: dem *Arethusaquell.* Ich weiß nicht, ob Sie sich noch an die hübsche Legende erinnern: Arethusa, eine Nymphe aus dem Gefolge der

Artemis, badete im Fluß Alpheios – der sich aber nicht auf Sizilien, sondern auf dem weitentfernten griechischen Peloponnes befindet. Der Gott dieses Flusses verliebte sich in die Nymphe und stellte ihr so heftig nach, daß sie sich aus Verzweiflung ins Meer stürzte. Ihre Beschützerin Artemis verwandelte sie in eine Quelle und ließ sie auf Ortygia wieder ans Tageslicht treten.
Im Stadtzentrum findet man auf der Piazza Archimede diese Sage in einem schönen Brunnen gestaltet. Um den Quell selbst, der *Fonte Arethusa* an der Uferpromenade, wachsen übrigens echte Papyrusstauden, die einzigen in Europa. Falls Sie eine Kahnfahrt auf dem *Kyane-Flüßchen* unternehmen wollen – es fließt westlich von Syrakus ins Meer – können Sie in einem Wald von fünf bis sechs Meter hohen Papyrusstauden dahingleiten. Der kleine Fluß hat seinen Namen ebenfalls von einer Nymphe: Als Persephone geraubt und von Pluto in den Hades entführt wurde, suchte ihre Freundin Kyane sie zu verteidigen und wurde von dem Gott der Unterwelt in eine kornblumenblaue Quelle verwandelt. Doch wieder zurück auf die Halbinsel Ortygia! Die untergehende Sonne zaubert unwahrscheinliche Farben auf die Bauten des alten Syrakus: fahles Gelb verwandelt sich in flammenden Ocker, Grau in Violett, mattes Rosa zu hellem Purpur. Vor uns, auf der äußersten Spitze der Halbinsel, leuchtet das *Castello Maniace,* wieder eines der vielen wehrhaften Schlösser, die der Staufenkaiser Friedrich in seinem Südreich – Sizilien und Apulien – erbaute. Man kann das Kastell nur zu bestimmten Zeiten – und nicht am Abend – besuchen. Wandern wir weiter zum nahegelegenen *Dom.* Er wurde im siebten Jahrhundert in einen Tempel der Göttin Athene hineingebaut, bei dem Erdbeben von 1693 schwer zerstört und mit einer prachtvollen Barockfassade wiedererrichtet. Wir sind dieser mehrfachen Verwendung sakraler Bauten nicht nur in Syrakus begegnet: Über den Rundaltären der Siculer errichteten die Griechen ihre Tempel, die Christen bauten sie zu Basiliken um, die Sarazenen verwandelten diese wieder in Moscheen, schließlich erstellten die Normannen auf denselben Fundamenten und Mauerresten ihre Kathedralen. Es ist inzwischen Abend geworden. Leider ist das Museum von Syrakus – es liegt gegenüber dem Dom – bereits geschlossen. Sie haben sich vielleicht

Auf den Steinstufen des Teatro Greco zu Syrakus saßen die Zuschauer der ersten Aufführung von Aischylos' Drama »Die Perser«, sitzen noch heute die Besucher der klassischen Spiele

daran erinnert, daß in den Mauern dieses Museums jenes Bildnis steht, das viele Kenner für das schönste Abbild der Venus erklären. Der französische Dichter Guy de Maupassant schreibt: »Nie erschien mir die menschliche Form bewundernswerter und verwirrender. Das ist nicht die dichterisch erhöhte, die idealisierte, die göttliche oder majestätische Frau wie die Venus von Milo, das ist die Frau, die man begehrt, die man umarmen will. Der Marmor ist lebendig . . .«
Leider müssen wir – wenigstens für heute – auf die persönliche Bekanntschaft mit dieser Schönsten aller Schönen verzichten. Ich werde Sie zum Trost in eine Trattoria führen, in der Sie alle Spezialitäten der sizilianischen Küche serviert bekommen. Das Lokal ist erst abends ab sieben Uhr geöffnet, dann finden sich die einheimischen Kenner »da Januzzo« zusammen. Fische werden von den nur wenige Meter entfernt im Hafen schaukelnden Schiffen geliefert. Die Tische sind hübsch gedeckt, Blumen und Lampen fehlen nicht. Zuweilen kommt ein älterer Signore und spielt alte Volksweisen auf der »Chitarra« – er ist zu dieser Tätigkeit keineswegs angestellt und erscheint nur, wenn er dazu Lust verspürt. Er freut sich, wenn ihm der Padrone ein Glas Wein kredenzt und lehnt auch nicht ab, wenn ihm ein Gast – nicht allzu offensichtlich – den Dank für seine musikalischen Darbietungen in die Tasche steckt. Alles vollzieht sich in diesem nicht sehr großen Lokal mit heiterer Selbstverständlichkeit. Eben hat der Padrone verkündet, daß es heute abend besonders delikate und preiswerte Langusten gäbe, da erscheint der bereits bekannte Herr aus unserem Hotel. Er ist äußerst indigniert, daß für ihn und seine Gefolgschaft beim besten Willen kein Platz mehr frei ist. Er durcheilt das Lokal in dem gleichen Tempo, mit dem er vermutlich morgen Syrakus besichtigen wird. Mit Höchstgeschwindigkeit braust er kurz darauf in seinem Superwagen ab – zur nächsten Trattoria. Und dann wahrscheinlich zur übernächsten. Denn um diese Abendstunde ist es im gastronomischen Syrakus ein wenig schwierig, vor Anker zu gehen . . .

Auf Seumes Spuren in die Antike

Sie sind doch damit einverstanden, daß wir am nächsten Morgen beizeiten »zum Festland« aufbrechen und über die Brücke, die Ortygia und die »Neustadt« verbindet, zu dem riesigen Areal der antiken Stätten wandern. Während unseres Spazierganges, der ja nicht so weit ist wie der von Johann Gottfried Seume, wollen wir einen kurzen historischen Rückblick halten: Im achten Jahrhundert v. Chr. von griechischen Kolonisatoren gegründet,

war Syrakus im fünften bis dritten Jahrhundert die größte und mächtigste Stadt der hellenischen Welt. Sie hatte über eine Million Einwohner und dehnte sich von der »Altstadt« Ortygia weit über das Gebiet der jetzigen »Neustadt« auf dem Festland aus. Wie andere griechische Siedlungen wurde auch Syrakus von Tyrannen regiert. Dem Namen eines dieser Alleinherrscher sind wir bereits in Palazzolo Acreide begegnet. Ein anderer ist Ihnen vermutlich noch aus der Schulzeit in Erinnerung: »Zu Dionys, dem Tyrannen, schlich Damon, den Dolch im Gewande . . .« Den Namen des »Wüterichs« aus Schillers Ballade »Die Bürgschaft« finden wir nunmehr in einem der antiken Steinbrüche wieder, der sogenannten »Latomia del Paradiso« - die Bezeichnung geht nicht etwa auf die paradiesischen Zustände zurück, die unter Dionys herrschten, sondern auf die subtropische Vegetation, in den zwischen den hohen Kalksteinfelsen befindlichen Gärten . . . Durch den Abbau des Gesteins entstanden mächtige Grotten. Einer der Gänge, die jene Höhlen miteinander verbinden, hat Ähnlichkeit mit einem Gehörgang. Man nennt ihn »Orcchio di Dionysi« - das Ohr des Dionys -, warum, möge unser Spaziergänger Seume berichten: »Man hat ihm nicht ohne Grund diesen Namen gegeben. Ein Blättchen Papier, das man am Eingang zerreißt, macht ein betäubendes Geräusch, und wenn man in die Hände klatscht, gibt es einen Knall wie ein Büchsenschuß, nur etwas dumpfer. Ob Dionysius diesen schneckenförmigen Gang habe hauen lassen, ließe sich noch bezweifeln, obgleich Cicero der Meinung zu sein scheint, aber daß er es zu einem Gefängnis habe einrichten lassen, hat wohl seine Richtigkeit. Cicero nennt ihn einen schrecklichen Kerker. Oben an seinem Eingang ist eine kleine Kammer, welche ehemals als das »Lauscheplätzchen« des Dionysius galt. Man nimmt an, er habe Gefangene von Bedeutung in dieses Gefängnis bringen lassen, um ihre Gespräche zu belauschen. Im Vorhofe des sogenannten »Ohres« treiben jetzt die Seiler ihr Wesen . . .«
Soweit Seume. Die Seiler arbeiten auch heute noch in den Grotten, vermutlich auf Veranlassung der Stadtverwaltung, im Interesse der Touristik. Denn es wird darauf hingewiesen, daß dieser Platz die älteste Handwerkerstätte der Welt sei, seit der Antike würde ohne jede Unterbrechung hier gearbeitet.
Nicht weit von den Latomien entfernt liegen die Überreste eines Altares von riesigen Ausmaßen: zweihundert Meter Länge und dreiundzwanzig Meter Breite. Sein Name »Ara di Gerone« ist wieder mit Hieron II. verbunden. Der Tyrann ließ ihn bauen, um auf diesem gewaltigen Altartisch alljährlich vierhundertundfünfzig Stiere den Göttern zu opfern, zum Gedenken an die Errichtung der Demokratie in Syrakus.

Unser Weg führt uns jetzt in das große griechische Theater. Der Zuschauerraum wurde halbkreisförmig aus den Felsen herausgehauen. Mit seinem Durchmesser von hundertachtunddreißig Metern ist es das größte aller antiken Theater. Als die Römer Syrakus eroberten, gestalteten sie das Theater um, so daß es auch für Gladiatorenkämpfe und Wasserspiele genutzt werden konnte. Als wir das riesige Halbrund betreten, hören wir rezitierende Stimmen, anscheinend wird geprobt. Während der »Primavera siciliana«, der sizilianischen Frühlingssaison, und an besonderen Festtagen des Jahres finden noch heute Aufführungen antiker Stücke statt, an der gleichen Stelle, an der Aischylos seine »Perser« inszenierte.
Wir sehen der Probe eine Weile zu - und steigen dann die »Straße der Gräber« hinauf, einen Hohlweg, in dessen felsige Seitenwände Griechen und Römer in Grabkammern ihre Toten betteten.
Wir werden noch eine andere, ungleich eindrucksvollere Nekropole kennenlernen, ein ungeheures Totenreich, das sich über Berge und Täler erstreckt: Pantalica.

Warum nach Pantalica?

»Warum wollen Sie nach Pantalica?«, wurden wir in Syrakus von dem Besitzer unseres Hotels gefragt. »Ein wüstes Gebirge, nur Steine und Höhlen, Höhlen und Steine!« Wir ließen uns jedoch von unserem Vorhaben nicht abbringen.
Zunächst müßten wir die nach Caltagirone führende Straße nehmen, lautete die Auskunft. Ungefähr auf halbem Wege nach Vazzini - hier trugen sich seinerzeit die dramatischen Vorgänge zu, die Giovanni Verga in einer Novelle gestaltete, nach der dann Pietro Mascagni seine weltberühmte Oper »Cavalleria rusticana« schuf - vor Vazzini läge also Solarino. Von hier zweige rechts eine Straße nach Ferla ab, von dort aus käme man am besten zu den Nekropolen von Pantalica.
Ferla ist ein kleines, ziemlich verlassen wirkendes Städtchen über dem Tal des »wilden Anapo«, wie der Fluß genannt wird, der das Bergmassiv durchschneidet. In dem entlegenen Ort gibt es mehrere Barockkirchen, von

Sensation im Altstadtgäßchen von Syrakus. Die erste, neidvoll bestaunte Fahrt auf dem Rad – wenn es schon keine »macchina« sein kann . . .

denen zwei absolut prächtige Fassaden aufweisen, eine der Kirchen blieb augenscheinlich unvollendet. Auf der einzigen Hauptstraße sitzen an den Tischen einer kleinen Bar etliche alte Männer, ihre mißbilligenden Blicke lassen den Wunsch nach einem stärkenden Espresso schnell wieder entschwinden. Eine alte Frau, die uns begegnet, macht das Zeichen der »Jettatura« - gegen den »bösen Blick«; sie scheint allein reisende Geschlechtsgenossinnen als teuflische Wesen zu betrachten, besonders wenn sie Hosen tragen. Mir kommt die spindeldürre, vor sich hinmurmelnde Alte irgendwie bekannt vor. Wo habe ich diesen weit aufgesperrten verkniffenen Mund bloß schon gesehen, die kantig vorspringende Nase, das in einer bestimmten Art um den Kopf gewundene Tuch? Eigentlich hätte ich selbst die bewußte Handbewegung zum Schutz vor der hexenhaften Dame ausführen müssen. Gewiß huldigte sie noch allerlei anderem Aberglauben, zum Beispiel etwa, daß Sternschnuppen die Seelen Verstorbener sind, denen der Eingang in den Himmel verwehrt wird und die deshalb in die Tiefe stürzen. Oder daß in den Möwen die Seelen der Verdammten wohnen, weshalb man in einigen Gegenden Siziliens die armen Vögel sogleich erschlägt, wenn sie sich auf dem Land niederlassen.
Ob unsere Sibylle von Ferla - bei dieser Bezeichnung fällt mir ein, woher mir ihr Gesicht bekannt ist: es gleicht einer der Sibyllen Michelangelos. Wir begegnen der Alten nochmals. Auf dem Platz vor einer der Barockkirchen steht unser Wagen. Kopfschüttelnd und vor sich hinschniefelnd umkreist ihn die Alte, schließlich tritt sie näher hinzu, will ins Wageninnere spähen. Wütendes Gekläff scheucht sie hinweg - unsere vierbeinige Reisekameradin, die bisher friedlich auf dem Rücksitz ihr Morgenschläfchen hielt, fühlt sich gestört. Die Sibylle enteilt - in merkwürdigem Zickzacklauf. Ob dieser ebenfalls eine Abwehr gegen zauberische Kräfte darstellen mag?
Wir setzen unsere Suche nach einem Espresso fort. Und stoßen dabei auf ein erstaunliches Lokal. Alles andere hätten wir in Ferla vermutet - nur nicht einen veritablen »Wildwest-Saloon«. Offenbar wurde seine Einrichtung durch das allgegenwärtige Fernsehen inspiriert. Groteskerweise ist er in einem Kellergewölbe untergebracht, das an eine alte romanische Krypta erinnert. Vielleicht war sie dies auch einmal. Nun »hängt das Pferdehalfter an der Wand und der Sattel gleich nebenan«. Mobiliar, Dekoration sind filmgetreu. Gleich werden die Helden der »Ponderosa« eintreten. Aber die gastliche Stätte bleibt leer - und wir die einzigen Besucher. Nachdem wir uns gestärkt haben, wobei uns die Wirtin milieugerecht mit der Interpretation einiger Westernsongs erfreute und auf dem Plattenteller die »Geisterreiter vorbeiziehen« ließ, ziehen wir auch weiter.

Die Straße führt nunmehr durch völlige Einsamkeit. Kahles Gebirge über dem wilden Fluß. Steil abstürzende Felswände, zuerst mit einzelnen, dann mit Hunderten von Grabkammern. Wie die Waben eines Bienenstockes bedecken sie die grauen Berghänge. Über fünftausend Höhlen soll es im Bergmassiv geben. Seit die Siculer etwa zwölfhundert v. Chr. hier ihre Toten bestatteten, dienten die Höhlen immer wieder als Grab- oder Wohnstätten. Die aus den vier Nekropolen stammenden Funde sind größtenteils im Museum zu Syrakus ausgestellt. Zu Anfang unseres Jahrhunderts entdeckte man in einer der Grabkammern einen byzantinischen Goldschatz. Im ausgehenden Mittelalter sollen die Höhlen, die zuweilen durch Gänge zu richtigen »Appartements« verbunden sind, der Bevölkerung Zuflucht vor der Invasion der Seeräuber geboten haben.
Es gibt vier Totenstädte von Pantalica, sie liegen nach allen vier Himmelsrichtungen an den Berghängen. Von Zeit zu Zeit weisen Hinweisschilder den Weg. Manche Kavernen lassen sich kletternd erreichen, andere befinden sich an unzugänglich steil zum Abgrund fallenden glatten Felswänden. Auf welche Weise wurden die Toten dahin gebracht?
Unsere Höhenstraße windet sich zu einer Hochebene hinauf. Eine Abzweigung weist zu dem - angeblichen - »Fürstensitz« und endet in einem Schotterweg, dieser verliert sich auf dem mit Steinen bedeckten Hochplateau. Am Gipfel der kahlen, windgepeitschten Bergkuppe liegen zwischen dürftigem Steppengras die Fundamente zyklopischer Mauern. Ein rechtwinkliges Geviert von etwa vierzig zu zwölf Metern Länge und Breite. Von hier aus sollen die siculischen Fürsten über ihr Reich geherrscht haben. Die über die Hänge verstreuten Steine sind die Reste der einstigen Hauptstadt *Hybla*. Nichts blieb mehr von ihren Bauten erhalten als das sogenannte »Anaktoron« - vielmehr seine Grundmauern: Ein Fürstensitz über steilen Felsschluchten, über riesigen Totenstätten.
Wehende dürre Gräser, kaum ein Baum. Tief unter uns weidet ein Berghirte seine Ziegen. Der Rundblick geht über dunkle Höhenzüge zu fernen Horizonten. Die Sonne hat sich hinter grauen Wolkengebirgen verborgen. Ein unwirkliches Dämmerlicht liegt über dem Fürstensitz, der Götterwohnung des urzeitlichen Höhlenlandes. Fragmente von Verszeilen des Euripides kommen ins Gedächtnis:

». . . hoch über der Erde, von wildrauschenden Winden getragen,
schluchtenreich, von Bergen umstellt und rauh
ist dieses Land und wehret den Eintritt jeglichem Feind . . .«

»Jeglichen Feind« sollte auch die riesenhafte, zu Beginn des 4. Jahrhunderts v. Chr. errichtete Festung *Euryalos* abwehren. Sie liegt ungefähr zehn Kilometer von Syrakus entfernt, in nordwestlicher Richtung. Es ist eine der größten, vielleicht sogar die größte noch erhaltene Wehranlage der griechischen Antike. Ein genial ausgeklügeltes System von ober- und unterirdischen Gräben und Gängen, von Kasematten, Wehrtürmen, Toren, gewaltigen Wallmauern. Wenn es Ihre Zeit erlaubt, müssen Sie dieses eindrucksvolle Festungsareal besichtigen, zu dem auch eine Omnibuslinie führt. Von der Höhe des Euryalos aus haben Sie einen großartigen Rund- und Überblick des gesamten Gebietes von Syrakus, sowohl der Halbinsel Ortygia mit ihrem großen und dem kleinen Hafen als auch der auf dem Festland liegenden Stadtviertel Neapolis, Achradina und Tiche.
Von den Mauern der Euryalos-Festung aus verteidigte Archimedes mit Hilfe der von ihm erfundenen Kriegsmaschinen die Stadt, die durch volle zwei Jahre von den Römern unter ihrem Consul Marcellus belagert wurde. Unter anderem hatte Archimedes ein »Elyptropion« erfunden, einen Brennspiegel, der durch Sonnenstrahlung weitentfernte Ziele, wie die im Hafen kreuzenden feindlichen Schiffe, in Brand zu setzen vermochte. Archimedes fand bei der Verteidigung von Syrakus den Tod, sein angebliches Grab wird in der Archäologischen Zone ausgewiesen, dürfte aber kaum die letzte Ruhestätte des großen Mathematikers gewesen sein. Die Geschichte des Falles jener ersten Weltstadt der Antike ist überaus spannend zu lesen, es würde aber zu weit führen, sie auch nur andeutungsweise hier nachzuzeichnen.
Das Areal der archäologischen Ausgrabungen liegt im Gebiet der *Achradina.* Wir wollen dort noch verschiedene Stätten aufsuchen, ehe wir von Syrakus Abschied nehmen - nicht ohne Ihnen zu empfehlen, auf eigene Faust weitere Streifzüge zu unternehmen, sowohl auf Ortygia als auch auf dem Festland - Sie werden immer wieder neue Entdeckungen machen.
Unsere erste Station ist die Basilika und Katakombe *San Giovanni* und die Krypta des heiligen Marcianus. In Syrakus bestand schon sehr früh eine der ersten abendländischen Christengemeinden. Wie wir aus der Apostelgeschichte wissen, kam Paulus auf seiner Reise nach Rom mit einem

Die Katakomben von Syrakus: jahrhundertelang bot ihr weitverzweigtes Labyrinth den Lebenden Schutz, den Toten letztes Asyl. Während der »sizilianischen Vesper« waren diese Katakomben der Sammelpunkt der sizilianischen Patrioten.

alexandrischen Schiff nach Syrakus, er blieb hier drei Tage und predigte in der Krypta vor dem Altar, den wir heute noch in der uralten blaugrauen Grotte sehen. Marcianus soll hier auch den Märtyrertod erlitten haben und begraben sein. Die Katakomben von Syrakus dienten schon in antiker Zeit als Begräbnisstätten und wurden dann in den ersten christlichen Jahrhunderten weiter ausgebaut, sie sind nach den römischen Katakomben die größten und weitläufigsten von Italien. Wie dort haben auch in diesen unterirdischen Gängen die ersten Christen Zuflucht vor Verfolgungen gefunden und ihre Gottesdienste abgehalten. Die ursprüngliche Basilika des »heiligen Johannes bei den Katakomben« wurde bei dem großen Erdbeben von 1693 zerstört, die malerische Ruinenfront der einstigen Normannenkirche und der wildblühende Garten mit seinen steinernen Relikten ist einer der schönsten Winkel von Achradina.
Auch bei der Kirche der Stadtpatronin Lucia liegen Katakomben, sie wurde an jener Stelle erbaut, an der Lucia im Jahre 303 als Blutzeugin ihres Glaubens starb. Sie ist eine echte Volksheilige und gilt als besondere Patronin der Landarbeiter und Bauern, der Fuhrleute und Handwerker, z. B. der Schneider, Weber und Sattler und – wie der Heiligenkalender wörtlich vermerkt – der »reuigen Dirnen, die auf ihre Fürsprache hoffen«. Sie hat also einen recht vielseitigen Schutz zu gewähren. Zu den wenigen verbürgten Nachrichten über sie zählen einige Worte, die mehr über sie aussagen als die zahllosen Legenden, die man auf Sizilien von ihr erzählt: »Ein Opfer, das Gott wohlgefällig, ist es, arme Leute zu suchen und ihnen in ihrer Not zu helfen. Da ich jetzt nichts mehr habe, das ich opfern kann, opfere ich mich selbst.«
Bis zum 29. August des Jahres 1953 standen Verehrung und Pilgerschaft zu Santa Lucia im Mittelpunkt des religiösen Lebens von Syrakus. Dann ereignete sich das Wunder, das die einstige heidnische Polis der Tyrannen zu einer der größten Wallfahrtsstätten des Abendlandes werden ließ. Vermutlich sind die näheren Umstände des Geschehens außerhalb katholischer Kreise nur insoweit bekannt, als man sich vielleicht noch der sensationellen Meldungen erinnert, die damals durch die Weltpresse gingen: Am 29. August 1953 weinte in einer kleinen dürftigen Kammer des Hauses Via degli Orti Nr. 11 eine kleine buntbemalte Gipsmadonna Tränen des Mitleids über die Leiden einer dort auf den Tod erkrankten Arbeiterfrau, Antonina Jannuso. Das Phänomen wiederholte sich noch mehrere Male, am 30. und 31. August und am 1. September. An jenem letzten Tag wurde von einer aus Ärzten und Chemikern bestehenden wissenschaftlichen Kommission über ein Kubikzentimeter der mysteriösen Flüssigkeit geborgen und einer mikroskopischen Analyse unterzogen. Diese ergab, daß die

Flüssigkeit, die den Augen der Gipsmadonna entströmt war, die gleichen Substanzen aufwies, wie menschliche Tränen. Antonina Janusso war nach dem Phänomen geheilt, weitere unerklärbare Genesungen von schwer- oder unheilbar Erkrankten erfolgten. Das Zimmer im Haus Via degli Orti wurde zu einer Art Oratorium umgestaltet, die Madonna zuerst in einer schnellerrichteten Holzkirche aufgestellt, die bald die Pilgerströme nicht fassen konnte, zehn Jahre nach dem Ereignis zählte man am 29. August des Jahres 1963 bereits über hunderttausend Wallfahrer. Fünf Jahre später erhielt die »Madonna delle Lacrime« ihr Sanktuarium. Es ist eine außerordentlich modern wirkende, kühne bauliche Konzeption, einem Paraboloid ähnelnd, an dessen Basis sich tief unter der Erde die riesige, fünftausend Quadratmeter große Krypta befindet. In ihrem Zentrum hat das kleine Halbrelief der »weinenden Madonna« seinen Platz gefunden. Ich möchte keinerlei Stellungnahme zu dem Phänomen selbst abgeben - Gläubige mögen es als Realität nehmen, daß jenes Bildnis echte Tränen vergoß, Skeptiker das Wunder verneinen. Vielleicht galten die »Tränen« der Madonna nicht nur der schmerzgepeinigten Antonina Jannuso, sondern allen Müttern einer Welt, die nicht müde wird, ihren Kindern immer neues, immer ungeheuerlicheres Leid zuzufügen - in einem Ausmaß, daß es fast kein Wunder mehr zu sein scheint, wenn ein Bild Tränen vergießt. Ein altes Sprichwort sagt: »Einen Stein könnte es erbarmen.« Menschliche Herzen erbarmen sich nicht . . .
In unmittelbarer Nachbarschaft jener Wallfahrtsstätte liegt im Garten der *Villa Landolina* ein Grab, zu dem oft deutsche Besucher der Stadt Syrakus pilgern. Erstaunlicherweise, denn der Dichter, der hier seine letzte Ruhestätte fand, zählt in seiner Heimat zu den fast Vergessenen. Es ist August von Platen, dessen »Grab im Busento« noch ab und zu in Lesebüchern und in Balladen-Anthologien zu finden ist. Der zeit seines Lebens einsam Gebliebene zog jahrelang ruhelos durch Italien. Kaum fünfundvierzigjährig ist er 1835 in Syrakus gestorben. Platens Romanzen und Balladen wirken heute vielleicht etwas veraltet, seine Sonette und Ghaselen sind jedoch zu Unrecht vergessen. Wir werden einigen Versen noch in einem späteren Kapitel begegnen. Hier möchte ich nur wenige Zeilen zitieren, die mir für das Leben und Dichten Platens kennzeichnender scheinen als die pompöse Inschrift auf seinem Grabstein:

»Verletzen mögt Ihr mich, Ihr Kalten, Liebelosen.
Doch wenn ich bin berauscht, eracht' ich Euch geringe.
Was Ihr ergrübeln wollt, es raubt mir nicht den Frieden.
Geheim entsteht das Ich. Geheim entstehn die Dinge.«

Weitere Sehenswürdigkeiten in Syrakus und Umgebung

Apollo-Tempel in der Altstadt auf Ortygia, vermutlich der älteste von Syrakus. Seine Reste wurden erst vor etwa dreißig Jahren freigelegt.

Museo Archeologico Nazionale, zählt zu den bedeutendsten Sammlungen antiker Kunst in ganz Italien.

Museo di Palazzo Bellomo, mit Werken europäischer, vor allem aber sizilianischer Maler und Bildhauer aus allen Jahrhunderten.

Olympeion, auf dem Festland, am rechten Ufer des Kyane-Flüßchens gelegen. Nur mehr wenige Reste (Säulen) auf einer Anhöhe. Einst einer der berühmtesten Tempel von Trinacria.

Cava d'Ispica, Schlucht mit übereinandergelagerten Wohn- und Grabhöhlen: prähistorische Behausungen, siculische Nekropolen, frühchristliche Katakomben. Zuweilen eingeritzte Zeichnungen oder Freskenmalereien.

Noto: Terrassenstadt des Barock mit drei charakteristischen Plätzen und schönen Kirchen, Freitreppen, Palazzi. Bibliothek mit über sechzigtausend Büchern und Manuskripten.

Modica: besitzt eine malerische Oberstadt, zu der eine Rampentreppe von 250 Stufen führt. *Chiesa San Giorgo,* sehr schöne Barockkirche.

Comiso mit großem, wieder instand gesetztem Feudalschloß. Legendenumwobener Brunnen, *Fonte Diana.* Barockkirchen.

Catania – Leben unter dem Dämon

Die »Tochter des Ätna«

Nach antiker Überlieferung sind der Ätna und sein Bruder Stromboli einst Götter gewesen. In *Catania,* der Stadt, die den Beinamen »Tochter des Ätna« trägt, sind viele Bauten aus dem dunklen Lavagestein errichtet worden, die der große Vulkanausbruch von Anno 1669 bis zum Ufer des Meeres trug. Er verwandelte damals auch das mächtige, viertürmige Kastell des Stauferkaisers Friedrich II. von einer Seefestung in ein Landschloß. Der Lavastrom füllte die Gräben und schuf neues Küstengebiet zwischen Burg und Meer. Heute parken Autos und Omnibusse auf dem Platz vor dem Kastell, in dessen Räumen die städtischen Sammlungen untergebracht sind.
Catania - eine Großstadt, turbulent, hektisch, betriebsam. Man ist fasziniert von ihrer Dynamik. Aber ob man sie lieben kann? Die Beantwortung der Frage bleibt Ihnen überlassen.
Wir wollen ein wenig durch die Innenstadt bummeln, sofern uns die Geschäftigkeit und der Lärm einen geruhsamen Spaziergang erlauben. Zumindest müssen Sie das Wahrzeichen Catanias gesehen haben, den berühmten antiken Elefanten aus schwarzer Lava auf dem Domplatz. Auf seinem Rücken ruht ein ägyptischer Obelisk. Eine lokale Legende erzählt, der Zauberer Eliodor pflegte des Nachts auf ihm von der Ätnastadt nach Konstantinopel zu fliegen und bei Sonnenaufgang wieder in Catania einzutreffen. Vielleicht wurde dem hieroglyphengeschmückten Obelisken nur darum ein Kreuz auf die Spitze gesetzt, um ähnliche Hexenfahrten zu vereiteln?
Elefant und Granitobelisk sind der Mittelpunkt eines Brunnens, den der große Barockbaumeister Vaccarini schuf. Nach einem abermaligen furchtbaren Ausbruch des Ätna im Jahre 1693, der Catania fast gänzlich zerstörte, baute Vaccarini die Stadt neu auf. Auch der Dom in seiner jetzigen Gestalt - mit Ausnahme der romanischen Apsiden - ist sein Werk. In der rechten Apsis ruhen in einem silbernen Schrein die Reliquien der

Stadtpatronin Sant'Agata. Bei ihrem Fest am 4. und 5. Februar werden sie in einer eindrucksvollen Prozession durch die Stadt getragen, flankiert vom Flammenschein riesiger »Candelore«, deren Licht sich in vergoldeten Baldachinen spiegelt. Die Heilige, die im alten »Catana« zur Zeit des Kaisers Decius den Martertod erlitt, soll nach der Überzeugung der Bewohner die Stadt schon mehrfach vor den Ausbrüchen des Ätna bewahrt haben. Immer scheint ihr dies allerdings nicht zu gelingen. In der »Legenda aurea« kann man den Bericht eines solchen Wunders nachlesen; im Dom zeigt es ein Fresko mit der Darstellung des Ätna-Ausbruchs von 1669: »... an dem Tag, da Sant'Agata einst geboren ward, geschah es, daß der große Berg nahe der Stadt mit Feuer ausbrach. Es kam wie ein Gießbach den Berg herab, schmolz Stein und Erde und kam mit wildem Ungestüm wider die Stadt. Da liefen die Heiden vor dem Berg und flohen zu Sant'Agatas Grab und nahmen den Schleier, der das Grab bedecket, und trugen ihn wider das Feuer. Da stund dieses still und ging nicht weiter.«
Im Dom stehen auch die Sarkophage einiger aragonesischer Könige, an deren Taten sich vor allem die Historiker erinnern. Lebendiger blieb das Andenken an einen König im Reich der Musik, sein Grabmal ist stets mit Blumen geschmückt: Vincenzo Bellini zählt zu den Frühvollendeten, wie Mozart und Schubert: Er starb mit zweiunddreißig Jahren. Sein Geburtshaus in der Via Emanuele wurde zu einem Museum umgestaltet, man kann dort Originalpartituren, Briefe, Bilder und das Cembalo des liebenswerten sizilianischen Maestro sehen. Seine Werke werden auf seiner Heimatinsel noch viel gepielt, Instrumental- und Kirchenmusik, seine Opern »Nachtwandlerin« und »Norma«. Letztere steht im Programm der festlichen Freilichtaufführungen im berühmten antiken Theater zu Taormina. Vielleicht können wir eine Vorstellung sehen, wenn wir demnächst Taormina besuchen.
Vorerst wollen wir uns aber noch etwas in Catania umsehen, vor allem die *Via Crociferi* besichtigen, mit ihren barocken Palast- und Kirchenfronten gilt sie als eine der schönsten Straßen Italiens. Noch wartet der Besuch der *Chiesa San Nicola d'Arena* auf uns, sie soll – um bei den Superlativen zu bleiben – die größte Kirche von ganz Sizilien sein. Goethe ließ sich auf ihrer Riesenorgel mit 2916 Pfeifen etliche Stücke vorspielen. Man kann auch zur Kirchenkuppel hinaufsteigen und hat von dort aus einen wunderbaren Rundblick auf Stadt und Meer und den »Mongibello«, wie man den Ätna auf Sizilien nennt. Eine Bezeichnung, in der sowohl das lateinische Wort »mons« als auch das arabische »Dschebel« integriert sind. Beide Worte bedeuten Berg. Der Schicksalsberg Siziliens ist also der »Berg der Berge« – und ein Gott, wie wir zu Beginn dieses Kapitels hörten.

Weitere Sehenswürdigkeiten in Catania und Umgebung

Chiesa San Giuliano: Prachtvoller barocker Kirchenbau von Vaccarini.

Palazzo Biscari: Barockes Stadtpalais einer fürstlichen Familie. Goethe war hier zu Gast.

Ehemaliges Benediktinerkloster (Monasterio dei Benedettini) mit schönem, palmenbestandenem Innenhof.

Palazzo Sanguiliano: Stätte vieler historisch bedeutsamer Begegnungen.

Universität. Sie ist die älteste von Sizilien, gegründet im Jahre 1434.

Gärten der Villa Bellini. Mit schönen Blumenanlagen, darunter einer elektronisch gesteuerten Blumenuhr.

Teatro Romano. Ruinen am Hang eines Hügels, der ehemals die griechische Akropolis von Catane trug.

Pescheria bei der Porta Uganda. Der Fischmarkt von Catania. Alte Tore und Häuser.

Caltagirone: Das »Faenza Siziliens«. Zentrum der Keramikindustrie. *(Museo Statale della Ceramica.) Scala Monumentale di San Giacomo,* eine mit Keramiken ausgelegte riesige Treppenstraße. *Museo Civio* mit prähistorischen und siculischen Funden. Im *Corte Catanale:* Majoliken aus neuerer Zeit.

Brucoli: Fischerdorf zwischen Catania und Syrakus. Empfehlenswerte Ferien im nahe gelegenen »Villagio turistico« des »Klub Valtur«.

Ätna-Aufstieg und Ätna-Rundfahrt

Falls Sie sich dazu entschließen, ins Reich des »Unheimlichen« aufzusteigen – ein weiterer Name des Ätna in alten Schriften –, wenn Sie also die gigantische Infernolandschaft erstarrter und noch glühender Lavaströme, gähnender Kraterschlünde aufsuchen wollen, möchte ich einige Angaben revidieren, die in verschiedenen Sizilien-Führern noch zu finden sind: Die Drahtseilbahn, die der große Ätna-Ausbruch im Frühjahr 1971 zerstörte, verkehrt nur eine Teilstrecke, danach muß man in Spezialfahrzeuge umsteigen. Auch das berühmte Observatorium, der Endpunkt der Ätna-Seilbahn, von dem man zum Hauptkrater wandert, ist noch nicht

wieder fertiggestellt, man konnte dort früher gegebenenfalls übernachten, falls man die grandiose Gewalt eines Sonnenaufgangs erleben wollte.
Im übrigen gibt es aber in der »Montagna« - wie man hierorts das Ätna-Gebiet auch nennt - eine Anzahl von *Refugien*, Schutzhütten. Sie finden im Informationsteil mehrere Adressen verzeichnet.
Die zum Ätna führende Autostraße beginnt bereits in Catania, es ist die Hauptstraße der Stadt und heißt - wie könnte es anders sein - Via Etnea. Sie führt über Nicolosi nach Sapienza, der Ausgangsstation der Seilbahn. Wenn Sie nur einen der bedeutendsten Nebenkrater des Ätna, den rotschimmernden *Monte Rosso* aufsuchen wollen - die Sizilianer nennen ihn »Fratelli«, das Brüderchen -, werden Sie wieder einmal auf den Spuren Goethes wandern, der ihn mit seinem Reisekameraden, dem Maler Kniep, im Mai des Jahres 1787 bestieg:
»Wir machten uns zeitig auf den Weg und erreichten, auf unseren Maultieren immer rückwärts schauend, die Region der durch die Zeit noch ungebändigten Laven. Zackige Klumpen und Tafeln starrten uns entgegen, durch welche nur ein zufälliger Pfad von den Tieren gefunden wurde. Auf der ersten bedeutenden Höhe hielten wir still. Kniep zeichnete mit großer Präzision, was vor uns lag: Die Lavenmassen im Vordergrunde, den Doppelgipfel des Monte Rosso links, gerade über uns die Wälder von Nicolosi, aus denen der beschneite, wenig rauchende Gipfel hervorstieg. Wir rückten dem Roten Berge näher, ich stieg hinauf: er ist ganz aus rotem vulkanischem Grus, Asche und Steinen zusammengehäuft. Um die Kratermündung hätte sich bequem herumgehen lassen, hätte nicht ein gewaltsam stürmender Morgenwind jeden Schritt unsicher gemacht. Der Sturm kam gerade von Osten her über das herrliche Land, das nah und fern bis ans Meer unter mir lag. Den ausgedehnten Strand von Messina bis Syrakus mit seinen Krümmungen und Buchten sah ich vor Augen, entweder frei oder durch einen Felsen des Ufers nur wenig verdeckt. Als ich ganz betäubt wieder herunter kam, hatte Kniep seine Zeit gut angewendet und mit zarten Linien auf dem Papier gesichert, was der wilde Sturm mich kaum sehen, viel weniger festhalten ließ.«
Falls Sie, wie Goethe, auf den Aufstieg zum Hauptkrater des Ätna verzichten, können Sie von Sapienza auf der Autostraße nach Zafferana weiterfahren und kommen dann nach dem am Südosthang des Ätna gelegenen Ort Trecastagni, auf den ich später noch ausführlicher zurückkommen werde. Von hier kehren Sie wieder zum Ausgangspunkt Ihrer Fahrt, Catania, zurück.
Die ständige Bedrohung des dämonischen Berges hat von einem Ausbruch zum anderen, nicht nur das Bild der Landschaft jeweils verändert,

sie bestimmte auch weitgehend das Leben der Menschen, die in der »Montagna« beheimatet sind.
Die Rundfahrt um den größten, noch tätigen Vulkan Europas kann man von Catania aus oder auch von jeder anderen Station der Route aus antreten, entweder mit der sogenannten »Ferrovia Circumetnea«, der Ätna-Rundbahn, oder auf der fast immer mit ihr parallel laufenden Straße im eigenen Wagen.
Bei dieser Fahrt werden Sie drei Zonen der Ätna-Landschaft unterscheiden lernen: Die »Regione coltivata«, das fruchtbare Gebiet der Agrumenanpflanzungen mit ihren Orangen- und Zitronen-Hainen, mit Oliven- und Feigenbäumen, mit Getreidefeldern und Weingärten. Dahinter liegt die »Regione boscata«, Wälder mit Kastanien, Eichen und Pinien. Die letzte, oberste Zone ist dann die »Regione deserta«, die Region der Einsamkeit: der Lavawüsten und Aschenhalden, der rauchenden Kraterschlünde - die Todeszone des »Gottes« Ätna.
Wenn man von Catania aus westlich den Ätna umrundet, erreicht man zuerst einen Ort, der den wunderlichen Namen *Misterbianco* trägt, er geht auf ein altes Kloster, das »Monasterio bianco« der weißgewandeten Benediktinermönche zurück.
Die Orangen von *Paterno,* unserer nächsten Station, sind zu einem Wertbegriff in Europa geworden. In Paterno, wie auch in anderen Ätna-Städten, zum Beispiel in Adrano, Motta San Amalaria und Maletto stehen noch wehrhafte quadratische oder auch rechteckige Normannen-Kastelle.
In *Adrano* hat man in der von König Roger I. erbauten Burg ein archäologisches Museum untergebracht, mit zum Teil sehr interessanten Funden aus der Umgebung. Zu diesen zählt eine merkwürdige Demeter-Büste aus Terrakotta, sie erinnert fast an kretische Darstellungen. Adrano, bis vor wenigen Jahrzehnten noch Aderno genannt, führt seinen antiken Namen Hadranum auf einen von den Siculern als Berggeist des Ätna verehrten Feuer- und Kriegsgott zurück; nach alten Überlieferungen wurde dessen Heiligtum von tausend Hunden bewacht. Einige Mauerreste in der Nähe des Kastells sollen noch vom Tempel jenes Gottes Adranos stammen. Zu Ostern gibt es übrigens in Adrano ein sehr interessantes Volksschauspiel zu sehen, die sogenannte »Diavolata«, in dem u. a. der Kampf der Dämonen mit den himmlischen Mächten dargestellt wird.
Die Ätna-Rundfahrt führt uns von Adrano dann weiter nach *Bronte.* Wir erinnern uns, Lord Nelson, der berühmte britische Seeheld und Liebhaber der Lady Hamilton, trug den Titel »Herzog von Bronte«, er war ihm von König Ferdinand von Neapel als Dank für seine Kriegsdienste verliehen worden. Zu dem Titel gehörten natürlich auch Stadt- und Landbesitz, z.B.

die uralte einstige Abtei Santa Maria di Maniace bei dem Städtchen Maletto. Es ist der höchstgelegene Ort des gesamten Ätna-Gebietes, etwa 1000 Meter über dem Meer. Zwischen Bronte und Randazzo ist das Landschaftsbild am interessantesten und abwechslungsreichsten. Lavafelder, vom blattlosen gelbflammenden Ätna-Ginster bedeckte Halden, bizarr geformte schwarzgraue oder rötliche Berge, über allem das schneebedeckte Haupt des Ätna.

Randazzo, unser nächster Haltepunkt, trug unter dem Stauferkaiser Friedrich II. den Namen des sizilianischen Schicksalsberges und hieß »Etnea«. Das Städtchen liegt nur fünfzehn Kilometer von seinem Gipfel entfernt. Es wirkt düsterer als andere Ätnaorte. Kirchen, Bürgerhäuser und Paläste sind fast ausnahmslos aus dunklem Lavagestein erbaut, Ornamente und Verzierungen aus weißem Marmor an Fenstern und Portalen hellen nur wenig auf. Altertümliche Gassen, zuweilen von Bögen überspannt. Drei Kirchen: die Hauptkirche Santa Maria, ein streng gegliederter spätgotischer Bau. San Nicolo, teilweise noch aus dem frühen vierzehnten Jahrhundert stammend. San Martino, im letzten Weltkrieg schwer zerstört. Die dunkle Ätna-Stadt Randazzo hat in den Kämpfen um die Insel zweimal eine entscheidende Rolle gespielt. Das erste Mal 1282 in der »Sizilianischen Vesper«, als sich Sizilien gegen die Herrschaft der Anjous erhob, das zweite Mal im Jahre 1943, als deutsche Truppen von Randazzo aus am längsten Widerstand gegen die Alliierten leisteten.

Über *Linguaglossa* fahren wir weiter nach *Giarre-Riposto,* dem End- oder, wenn man vom Osten her die Ätna-Rundfahrt beginnt, Ausgangspunkt der Circumetnea-Bahn. Will man von hier aus nach Catania zurückkehren, muß man die von Messina kommende Küstenlinie benutzen. Zu Linguaglossa wäre noch nachzutragen, daß man von dort aus schöne Touren ins Ätna-Gebiet unternehmen kann. Eine gutangelegte Panoramastraße, die »Mareneve« - ihr Name bedeutet soviel wie »Meer und Schnee« - führt zu einem Skifahrerzentrum mit einem komfortablen Hotel und einer der Ätna-Schutzhütten, dem »Refugium Sucai«.

Die drei »Aci«-Städte und Riviera dei Ciclopi

Auf jeden Fall heißt unsere nächste Station - ob wir nun mit der Bahn oder dem Wagen fahren - *Acireale.* Es ist der erste von drei Orten, die mit der Silbe »Aci« beginnen: Acireale, Acitrezza und Acicastello, sie liegen dicht beieinander und gehen fast ineinander über. Die Silbe »Aci« gehört zu einem Namen - und dieser wieder einmal zu einer der zahllosen, auf Sizilien beheimateten Legenden aus antiker Zeit.

In seinen »Metamorphosen« erzählt Ovid die Geschichte von Akis, dem Geliebten der schönen Nymphe Galathea. Er wurde von dem eifersüchtigen Riesen Polyphem mit einem Lavafelsen des Ätna erschlagen, aber von der Nymphe mit Hilfe der Götter in einen Fluß verwandelt. Heute heißt er »Fiume freddo«.
Das auf einer Lavaterrasse etwa zweihundert Meter über dem Meer thronende Acireale ist eine berühmte Kurstadt mit radioaktiven Bädern (Therme di Santa Venera). Acireale besitzt sehenswerte Kirchen, wie die am Corso gelegene Chiesa San Sebastiano und schöne Gartenanlagen. Die Erinnerung an den einäugigen Riesen Polyphem bewahrt der Küstenstreifen auch in seinem Namen: »Riviera dei Ciclopi«. Die sieben Felsen, die der Geblendete laut Homer dem göttlichen Dulder Odysseus nachschleuderte, liegen als »Scogli dei Ciclopli« - auch Faraglioni genannt - vor dem Städtchen *Acitrezza* im Meer. Bis vor wenigen Jahren war es ein stiller, malerischer kleiner Fischerort. Giovanni Verga ließ hier seinen Roman »I Malavoglia« spielen. Visconti drehte hier einen herrlichen Film, »La Terra trema«. Heute hat Acitrezza den Ehrgeiz, ein moderner Badeort zu werden. An dem von Lavasteinen gesäumten Ufer, vor dem früher die Fischerboote schaukelten, führen jetzt Treppchen zu den Holzgerüsten der privaten Hotel-Badeanstalten. Autos hupen auf der Uferstraße, diese zu erreichen ist ein Kunststück, denn die engen Gäßchen, die hinunter zum »Lungomare« führen, sind durchaus nicht auf motorisierten Verkehr eingerichtet. Abends ist überall turbulenter Betrieb. Nur am frühen, frühesten Morgen ist Acitrezza noch das bezaubernde Fischerstädtchen von einst. Man kann sogar noch einige Pescatori ihre Netze flicken sehen. Die Zyklopenfelsen liegen einsam draußen im Meer, sind noch nicht von Badenixen belagert. Man hört keine Musikboxen, keine Autohupen, keinen Lärm. Dann scheint es, »als ob es auf der Welt nichts anderes gäbe als unser kleines Trezza«, wie es bei Giovanni Verga heißt.
Vom Ufer sieht man die Küste aufwärts einen dunklen Basaltkegel ins Wasser ragen, er trägt die pittoreske, gleichfalls aus schwarzem Gestein erbaute Burg, die dem Ort *Acicastello* den Namen gab. Das Kastell wurde bereits im elften Jahrhundert als Küstenfestung errichtet und im letzten restauriert. Man kann es besichtigen und hat von seinen hochragenden Mauern aus einen prachtvollen Blick.
Fast hätte ich es vergessen: Es gibt noch eine Stätte, die den Namen des Jünglings Akis führt: die »Isola di Aci«. Die Insel wird jetzt meist »Lachea« genannt; sie ist der größte Felsen, den Polyphem dem griechischen Helden nachgeschleudert haben soll. So groß, daß die Universität von Catania auf ihm ihre Meeresbiologische Station errichten konnte.

Noch ein zweiter kleiner Nachtrag oder besser gesagt Hinweis in Sachen »Kulinaria« - sofern Sie mit dem Wagen unterwegs sein sollten: Auf der linken Seite der Küstenstraße zweigt zwischen Acireale und Acitrezza eine kleine Straße nach *Capo Mulini* ab, einer der Riviera dei Ciclopi vorgelagerten Landzunge. Dort gibt es neben verschiedenen neuerbauten Häusern und Villen am Lungomare ein empfehlenswertes Restaurant: »La Spina«. In seinen kühlen Kellergewölben läßt es sich an heißen Tagen ausgezeichnet tafeln.

Haaropfer in Trecastagni

Ich habe vorhin versprochen, noch einmal auf den Ort *Trecastagni* zurückzukommen, Sie können ihn von den drei Aci-Städten aus gut erreichen. Falls Sie den Abstecher unternehmen, dürfen Sie nicht versäumen, die alte Lavakirche *Sant'Alfio* aufzusuchen. Sie ist im Monat Mai Ziel einer wunderlichen Wallfahrt, deren Zeugnisse - oder Relikte - man auch zu anderen Zeiten in Kirche und Sakristei finden kann. Zu dieser Wallfahrt kommen die Pilger weit aus dem Küstengebiet und der Montagna. Das heißt, sie »kommen« nicht einfach im üblichen Sinn, sie laufen - barfuß oder in Socken - zum mindesten wenn es gilt, den Hang zur Wallfahrtskirche zu erklimmen. Zum Teil schleppen sie riesige, oft meterhohe Kerzen auf den Schultern oder auf dem Rücken. Atemlos, schwitzend, schreiend geht es im Laufschritt bergauf, immer wieder durchschneiden schrille Rufe die Luft: »Vivat Sant' Alfio! Vivat il Santi Martyri!« Wenn der gute »Santu« die Plage der Pilgerschaft belohnt und das Anliegen erhört, dessen Gewährung man sich auf diese Weise verdienen will, wird ein Votivbild gestiftet, zum Dank für die Errettung aus Krankheit, Feuersnot, Wassersnot, Unfall, Schiffsuntergang, Kindsnöten. Auf bunten, handgemalten Bildern sieht man die betreffenden Ereignisse dargestellt. An den Wänden der Kirche und in den beiden Räumen der Sakristei hängen neben den Bildern, den wächsernen Armen und Beinen, auch Schuhe und Röcke, die Sant'Alfio als Dank übereignet wurden. Will man ihm aber eine besondere Gabe schenken, opfert man seinen Zopf oder seine Locken oder - was von diesen noch übrig ist. Haarbüschel in allen Farben hängen aufgereiht, prachtvolle Kopfzierden und dürftiges Greisenhaar, mit bunten Bändern zusammengebunden oder mit einem Dankzettel versehen oder auch sorgsam in ein Cellophansäckchen verpackt. Das uralte heidnische »Haaropfer« der griechischen Antike, hier, in Trecastagni, wird es noch heute einem christlichen Heiligen dargebracht.

Souvenirstadt Taormina

Fest eines Stadtpatrons

»Eviva San Pancratio! Eviva l'Arcivescovio!« – Es lebe der heilige Pankratius! Es lebe der Erzbischof! – Immer wieder branden die Rufe auf, flattern rosarote, blaue, gelbe Zettel mit jenen Festdevisen von Balkonen und Fenstern auf die Straße und auf den Platz vor dem schönen Corvaia-Palast und den anderen Palazzi der Traumkulisse Taormina. Carabinieri sperren die Straße, durch die zwar nicht der heilige Pankratius, dafür aber der Herr Erzbischof im Geleit der Honoratioren spaziert, um sich zur Vorfeier des Festes zu begeben. Kinder und Erwachsene drängen durch die Absperrung, schlüpfen unter den ausgebreiteten Armen der Ordnungshüter, um dem rotgewandeten Kirchenfürsten die Hand zu küssen und von ihm einen »persönlichen« Segen zu empfangen. Die Gäste der Cafés und Bars sind auf die Stühle und Tische gestiegen, um die Eminenz besser sehen zu können, sie klatschen in die Hände und schreien ebenfalls aus Leibeskräften »Eviva«. Schließlich will man ja »dazugehören«, zum festfreudigen Taormina. Auf dem großen Erker eines alten Patrizierhauses drängt sich wild gestikulierend eine Schar schwarzgekleideter weiblicher Gestalten, erst bei näherem Hinsehen entdeckt man, daß die enthusiastischen Damen – Nönnchen sind. Vermutlich haben sie heute zu Ehren des Stadtpatrons »Ausgang«. Böllerschüsse krachen, Feuerwerk explodiert, Leuchtraketen schießen in den dunkelblauen Abendhimmel. San Pancratio kann seine »helle Freude« daran haben, wie er noch heute in seiner Stadt geehrt wird. Bereits am Nachmittag haben die Vorbereitungen für das Fest begonnen. Pünktlich um vier Uhr spaziert, wie alle Jahre, der alte pensionierte Bersaglieri-Offizier durch die enge, allzuenge Hauptstraße, die Federn wallen am malerischen Hut, die Orden schmücken die Brust. Sein Erscheinen in Galauniform bekundet, daß ein festliches Ereignis bevorsteht. Mit würdevoller Miene beobachtet Don Mauricio die Absperrungsmaßnahmen, die man am Catania-Tor durchführt, dessen enger Zugang zur Hauptstraße für Autos gesperrt wird. Ab und zu schieben allerdings die Ord-

nungshüter den Schlagbaum für einen Augenblick beiseite, wenn eine offizielle Persönlichkeit mit ihrem Wagen passieren will.
Zwei kurzbehoste junge Damen versuchen, die günstige Gelegenheit nutzend, sich mit ihrem Moped durch die Absperrung zu schmuggeln. Don Mauricio mißt sie mit strafenden Blicken, nicht etwa wegen dieser Absicht, sondern wegen ihres Aufzuges. Halbnackt – am Vorabend des Festes von San Pancratio! Die beiden Schönen strahlen ihn an: »Wir sind auf dem Nachhauseweg, Don Mauricio! In einer halben Stunde werden Sie uns in langen Röcken sehen!« Der Würdige nickt ihnen daraufhin freundlich lächelnd zu, die Ordnungshüter lassen die Mädchen passieren. Nicht ohne daß nunmehr sämtliche Signori einen durchaus wohlgefälligen Blick auf die zur Schau gestellten Reize werfen. Vermutlich haben die Herren die Mahnung vergessen, die auf den Blenden des nahegelegenen Corvaia-Palazzo eingraviert steht. Sie warnt die Bürger von Taormina – unter anderem – davor, »sich nicht besiegen zu lassen von Verführungen« . . .
Wir benutzen den Nachmittag der Vorfeier zu einem kleinen Stadtbummel. Taormina gleicht einem einzigen Souvenirladen, nicht nur an diesem Tag. Und nicht nur in seiner Hauptstraße, dem *Corso Umberto,* reiht sich ein Andenkengeschäft, ein Antiquitätenladen, eine Boutique an die andere. Auch auf den Plätzen der zum Theater führenden *Via Teatro Greco.* Sie können sich in der Stadt an den Hängen des Monte Tauro mit sämtlichen Souvenirs eindecken, die in den unterschiedlichsten Gegenden und Orten auf Sizilien beheimatet sind, dort hergestellt werden oder eine Beziehung zu der betreffenden Provinz oder Stadt haben. In Taormina kann man nicht nur die sozusagen »hauseigenen« Souvenirs einkaufen, sondern auch alles nachholen, was man in dieser Beziehung andernorts versäumt hat. Ob so viele Reisende die »Perle Siziliens« – wie das kunterbunte, mit alten Palazzi und Kirchen geschmückte Städtchen in den Prospekten genannt wird – deshalb so gerne als Schlußpunkt ihres Aufenthalts wählen?
Da gibt es kleine und große, kurze und lange Ketten aus dem schwarzblitzenden Lavagestein des Ätna, Muschel- und Korallenschnüre, Keramiken aus San Stefano Camastra, Marionetten aus Palermo, Nachbildungen oder auch Originale der buntbemalten Holzwände sizilianischer

Taormina: Zwischen Kirche und Café promeniert die nicht immer hold zu nennende Weiblichkeit, verabreden sich die Schuljungen, hält das Alter Siesta

Carretti, Originale und Kopien von antiken Masken, Münzen, Plastiken. Der Ephebe von Selinunt ist ebensooft in allen Ausführungen, Größen und Preislagen zu finden wie die Venus von Syrakus, wie der Zeus Olympios, den eine Käuferin als »den Herrn mit der eingedetschten Nase« zu erstehen wünscht . . . Alte und neue »alte« Gemälde, Stiche und Postkarten. Mit farbenprächtigen Abbildungen sizilianischer Landschaften aus allen neun Provinzen, sogar mit Sehenswürdigkeiten, die es an den betreffenden Orten gar nicht gibt. Erlesenes und Kitsch stehen in trauter Nachbarschaft beisammen. Zu den schönen Dingen zählen die farblich oft sehr geschmackvollen Seiden, Brokate, die in Taormina verfertigten handbestickten Blusen und Kleider, Spitzen, Wollarbeiten.
Falls Sie nach der Besichtigung dieser schönen und zuweilen auch weniger schönen Dinge eine kleine Stärkung benötigen, am *Corso Umberto,* Taorminas Hauptstraße, liegen etliche gute Ristoranti. Jedes hat eine ganze Anzahl delikater Gerichte auf seiner Speisekarte stehen - wählen Sie selbst nach Ihrem eigenen Geschmack aus, sowohl das Lokal wie die Spezialität. Im Kapitel »Hochzeit des Ceres« finden Sie einige Gerichte angeführt, die Sie in den Restaurants von Taormina serviert bekommen.
Bei unserem Spaziergang stellen wir mit Vergnügen fest, daß man in der Stadt, die aus der antiken Siedlung Tauromenion erwuchs, auch die Gattin eines griechischen Philosophen mit einem Straßennamen ehrt - die vielgescholtene und verleumdete Xanthippe des weisen Sokrates hat in Taormina ihre »Via Xanthippa«.
Wir wollen den schönen und recht eigenartigen *Normannendom* aufsuchen. Leider läßt man uns nicht die Muße, seine Gemälde und Skulpturen eingehender zu betrachten. Auch hier ist man mit Festvorbereitungen beschäftigt. Überall wird mit Vehemenz und Lautstärke geputzt, gefegt, geschmückt. Die großen Tragthrone mit den Figuren der Apostelfürsten Petrus und Paulus warten bereits auf die morgige Prozession, bei der sie San Pancratio das Geleit durch die Stadt geben. Wir können gerade noch einen kurzen Blick auf das berühmte Verkündigungsbild des Antonello da Messina werfen, dann fegt uns der große Besen der diensteifrigen Sakristanin zur Kirche hinaus.
Wir lassen uns zu einer kurzen Erholungspause auf den Stufen des Barockbrunnens mit seinen vier wasserspeienden Seepferdchen nieder. Über uns hält die »Minotaura« - eine Centaurin, das Wahrzeichen der Stadt - den Globus. Hoffentlich entgleitet er nicht ihren Händen. Dicht vor unseren Augen bewegen sich jetzt zwei andere Hände auf und ab, jede hält »als Fächer« grellbunte Postkarten. Wir wollten bereits abwinken, da sehen wir in die flehenden Augen eines kleinen Jungen. »Kaufen Sie meinen heiligen

Pankratius«, sagt ein heiseres Stimmchen, »er ist der schönste, der billigste Pankratius von ganz Taormina!« Wir müssen an unseren Freund Onofrio, den Postkartenhändler von Piazza Armerina denken und kaufen seinem Kollegen einige Exemplare des schönsten und billigsten Pancratio ab. Waren wir eigentlich schon in seiner Kirche? Welches Versäumnis ... Wir werden sie morgen aufsuchen. Sie soll ursprünglich eine Kultstätte der ägyptischen Göttin Serapis gewesen sein, danach ein griechischer Zeustempel. Auch eine Isis-Bildsäule hat man vor einiger Zeit in der Nähe der Kirche gefunden. Die heidnische Vorgänger- und Nachbarschaft hat den »unbesiegbaren Apostel der christlichen Botschaft« nicht gestört, wie ihn die Stadtchronik nennt.

Die Siesta zu Füßen der Centaurin ist zu Ende. Wir wollen bei Sonnenuntergang im alten griechischen Theater sein. Eigentlich müßte es nach seiner jetzigen Gestalt »römisches« Theater genannt werden. Ob griechisch oder römich - die Aussicht von seinen oberen Sitzreihen ist göttlich. Goethe nannte sie die »schönste Landschaft der Welt«.

Der Blick wandert über blühendes Land zum schneebedeckten Ätna, schwingt hinunter zur Bucht von Giardini, zu Cap Schiso, nach Naxos, der ersten Griechensiedlung auf Sizilien, der seine Gründer den Namen ihrer fernen Heimatinsel in der Ägäis gaben.

Der Dichter August von Platen - dessen »glücklichster Einfall es war, auf Sizilien zu sterben«, wie ein späterer Kollege meint - hat das Bild der Landschaft von Taormina in Versen gezeichnet:

Zarte, vergängliche Wölkchen umfliegen den schneeigen Ätna,
Während des Meeres Abgrund klar wie ein Spiegel erscheint.

Steil auftürmt sich die Stadt, hoch über den Gärten der Klöster,
Über den blühenden Wein ragen Zypressen empor.

Fern in der Sonne verglühn die gesegneten Küsten Italiens,
Schöner und üppiger noch als die sikulischen Auen:
Vor mir seh' ich die kleine, die felsumschattete Seebucht,
Welche zum Bad vormals seligen Nymphen gedient ...

Weitere Sehenswürdigkeiten in Taormina und Umgebung

Naumachia: Römischer Zisternenbau mit einer über 120 m langen Bäderanlage.

Badia Vecchia, sogenannte »Alte Abtei«, merkwürdiges altes Bauwerk an der Straße nach Castel Mola.

Palazzo Corvaia: Bedeutendstes Beispiel eines spätmittelalterlichen Palastes in Taormina. Im großen Saal fanden Sitzungen des sizilianischen Parlaments statt. Arabischer Turm. Schöner Hof.

Palazzo Santo Stefano, durch Kriegseinwirkung beschädigt, wieder restauriert. Turmähnliches Stadtschloß, sizilianische Gotik.

Santa Catarina: Kirche aus dem 16. Jahrhundert. Dahinter römisches Odeon.

Castel Mola, hoch über Taormina gelegenes Dorf mit Burgruine und Resten einer siculischen Nekropole.

Kastell auf dem Monte Tauro, eines der ältesten von ganz Sizilien - schrieb bereits im 11. Jahrhundert der arabische Geograph und Historiker Edrisi. Erbaut auf den Mauern der griechischen Akropolis. Herrlicher Rundblick.

Westlich der Anhöhe von Kastell Taormina die aus den Felsen gehauene Wallfahrtskirche *Madonna della Rocca* mit einem alten, aus dem 16. Jahrhundert stammenden kleinen Kloster.

Romantische Felsschlucht von *Alcántara.*

Naxos, über 300 m lange antike Mauern. *Parco Archeologico,* sogenannter »Heiliger Bezirk« (Temenos mit Resten von Tempeln, Gräbern usw.).

Forza d'Agro bei Alessio: mittelalterlicher Ort mit Burg. *Chiesa della Triade:* merkwürdiges Gemälde »Abraham bewirtet Engel«.

Gespräch mit einem Inselsammler

»Ich sammle Inseln«, erklärte mein Gesprächspartner, er war Gast des ehemaligen Dominikanerklosters von Taormina, heute eines der schönsten Hotels auf Sizilien. Wir saßen im alten Kreuzgang in der Morgensonne. »Ein Sammler muß sich spezialisieren«, führte er weiter aus. »Ich habe mich auf italienische Inseln beschränkt. Zur Zeit bin ich mit den ›Inseln unserer Insel‹ beschäftigt - also den *Liparischen,* den *Ägadischen* und den *Pelagischen* Inseln.« Er war soeben erst von den »Isole d'Eole« zurückgekommen, den Liparischen Inseln, sie galten in antiker Zeit als die Heimat des Königs der Winde, Äolus. Man kann sie von Messina und auch von Milazzo aus am besten erreichen. »Die meisten Leute halten *Lipari* für die

schönste dieser Inseln«, doziert mein Gegenüber, »sie gefällt mit ihrem hübschen Städtchen unter dem alten Kastell. Den beiden Häfen, rechts und links, einer für die Schiffahrt, der andere für die Fischerei« – »und dem kleinen Kapellchen der armen Seelen im Fegefeuer!«, wage ich zu ergänzen, um zu zeigen, daß mir zumindest Lipari nicht ganz unbekannt ist, wenn ich auch vermutlich nicht alle Inseln des »Sammlers« kennen dürfte. Auf Lipari gefallen mir besonders die Häuser mit ihren vielen kleinen Terrassen und den flachen Dächern, auf denen das Regenwasser gesammelt und gespeichert wird. Denn alle Inseln dieser Gruppe besitzen keine Quellen, das Wasser muß mit »Zisternenschiffen« gebracht werden. »Wissen Sie, daß die ›Inseln des Windes‹ durch lange Zeiten Stützpunkte der tunesischen Seeräuber waren?«, werde ich vom Inselforscher gefragt. Ich wußte es nicht. Auch habe ich die Bimssteinbrüche nicht aufgesucht, für die er sich besonders interessierte. Dafür hatte ich den Monte Angelo zu Fuß und nicht per Autobus erklommen, von dem man zur Nachbarinsel *Salina* und dem nur wenige Kilometer entfernten *Vulcano* hinübersehen kann. »Vulcano! Sehen Sie, das ist meine Lieblingsinsel!«, begeistert sich mein Gesprächspartner. »Vulcano – mit seinem schwarzen Sand unter dem blauen Himmel! Seinem warmen Meerwasser, dem heißen Naturschlamm! Ich schicke alle meine Bekannten nach Vulcano, die Rheuma oder ähnliche Beschwerden haben. Die Insel eines Feuergottes, irgendwie noch ›urzeitlich‹, obgleich es jetzt dort etliche Hotels und sogar ein Touristendorf gibt. Früher war es schöner, als man noch bei den ›Eingeborenen‹ oder in einer Art Pension wohnte. Heute findet man auf Vulcano zeitweise mehr Besucher als die ganze Insel Einwohner hat!« Wir sprechen über die drei Vulkane – den »Vulcanello«, der erst 183 v. Chr. aus dem Meere emporstieg, wie Plinius berichtet, den bereits erloschenen »Monte Aria« und den eigentlichen »Vulcano«, nach dem die Insel und alle Feuerberge ihren Namen haben. Nach einer antiken Überlieferung soll in seiner Tiefe die Schmiede des gleichnamigen Gottes sein, nach einer anderen mittelalterlichen Legende ritt der von Geheimnis und Sage umwobene Gotenkönig Theoderich durch den Krater des Vulcano zur Hölle hinab.
Der Inselforscher, der sich inzwischen als deutscher Studienrat entpuppte, der nach seiner Pensionierung ungehemmt seiner Sammelleidenschaft nachgehen kann, gibt mir zu verstehen, daß ich von »Feuerbergen« überhaupt nicht sprechen dürfe, wenn ich die »Sciara del Fuoco« noch nicht gesehen hätte, die Feuerhalde, den glühenden Lavastrom, der sich auf der nordwestlichen Seite der Insel Stromboli vom Krater aus ins Meer ergießt. Nachts müsse man ausfahren, um dieses einmalige grandiose Erlebnis zu haben . . . Ich nehme mir vor, bei meinem nächsten Sizilien-

aufenthalt unbedingt *Stromboli* aufzusuchen. Inzwischen hat der inselbesessene Studienrat bereits von den Liparischen zu den Ägadischen Inseln gewechselt und überlegt, welchem der drei Eilande – *Favignana, Marettimo* und *Levanzo* – er den Vorzug geben soll. Sie schwimmen vor Trapani im Meer, der Fischfang bestimmt ihr Inselleben, vor allem zu den Zeiten des Thunfischfanges. Jene »Isole d'Egadi« seien ein Paradies für Anhänger des Unterwassersports, höre ich – wobei ich mir allerdings nicht vorstellen kann, daß der doch bereits leicht angejahrte Studienrat noch große Taucherkunststücke ausführen kann. Er gibt denn auch schließlich Levanzo den Vorzug, da sich auf dieser Insel prähistorische Höhlen befänden. Unter diesen besitze die sogenannte »Grotta del Genovese« Steinzeichnungen mit Darstellungen von Tieren. Ich merke mir also Levanzo für einen späteren Besuch vor – aber schon schwärmt der Inselsüchtige von *Pantelleria,* seiner »erklärten Lieblingsinsel«. Anscheinend trägt der dort beheimatete feurige Muscato-Wein, der mehrfach Erwähnung findet, zu dieser Vorliebe bei . . . Pantelleria habe sogar einen »Inselsee«, »Spiegel der Venus« genannt, was für die Schöheit des Eilandes zu sprechen scheint, das man von Trapani und Palermo aus auch mit dem Flugzeug erreichen könne. Das Interessanteste auf Pantelleria aber seien die »Sesi«. Ich habe keine Ahnung, wer oder was sich hinter diesem Wort verbirgt, und werde belehrt, daß es turmähnliche Lavablöcke sind, ähnlich den Nuraghen auf Sardinien. In dem Inneren dieser Sesi hatte die einstige Urbevölkerung der Insel Grabkammern ausgehöhlt. Auf Pantelleria gebe es auch ein faszinierendes Farbphänomen: Bei Sonnenuntergang verwandeln die berühmten »grünen Strahlen« die Landschaft in eine Traumvision. Ich kann mich bei dem schwärmenden Studienrat meinerseits nur mit der Kunde einer merkwürdigen, allerdings viel kleineren Insel revanchieren, die er seltsamerweise nicht kennt. Vielleicht hat er sie übersehen: *San Pantaleo.* Sie liegt nördlich von Marsala, in der sogenannten »Laguna Stagnone«. Auf der ganzen Insel befinden sich die Ruinen einer karthagischen Stadt, *Motya.* Ruinen von Mauern, Toren, Türmen. Als sie im vierten Jahrhundert v. Chr. zerstört wurde, zogen die Einwohner auf das Festland und bauten sich dort eine neue Stadt mit dem wunderlichen Namen »Lilibeo« – es ist das heutige Marsala.
»Gibt es denn auf Ihrem Inselchen auch eine Unterkunft?«, wollte der Studienrat wissen. Nachdem ich ihm mitteilte, daß es auf Motya-San Pantaleo sogar ein »Motel« und ein paar einfache Hotels gäbe, bin ich überzeugt, daß der Inselfreund meine Entdeckung bald seiner Sammlung einverleiben wird. Zu der natürlich auch das vor der Küste Palermos liegende *Ustica* gehört, ein Paradies für Freunde des Unterwassersports.

Er will mir noch erschöpfend Auskunft über die Pelagischen Inseln geben, von denen zwei bewohnt sind: *Linosa* und *Lampedusa*. Obwohl letztere den Namen des von mir hochgeschätzten Autors des »Gattopardo«-Romanes (»Der Leopard«) trägt, sind mir die »Isole Pelagie« doch zu weit von Sizilien entfernt, als daß ich sie in absehbarer Zeit aufsuchen werde. Ich verabschiede mich also von dem inselsüchtigen Herrn - und womit könnte ich es besser tun als mit einem Gedicht über Inseln. Rudolf Pannwitz hat es geschrieben - der Herr Studienrat hat es sich sogleich notiert:

Hinter den Sonnenblumen
blauen die Ölbaumgärten,
hinter den Ölbaumgärten
brandet das Meer.
Hinter dem Meer sind die Berge,
hinter den Bergen die Himmel,
hinter den Himmeln die Inseln.
Rund um die Inseln die ewige Wiederkehr . . .

»Vermählung der Ceres mit Neptun« und andere Spezialitäten

Sie haben sich nicht etwa verlesen, es gibt auf Sizilien tatsächlich ein Gericht, das diesen kuriosen Namen trägt: Seine Hauptbestandteile sind Nudeln - aus dem Korn der »Göttin der Feldfrüchte«, Ceres. Wir sind ihr unter ihrem griechischen Namen Demeter bereits begegnet. Der zweite Bestandteil ist Fisch - aus den Fluten des Meeresgottes Neptun. Nudeln und Fische, gut gewürzt miteinander verbunden - also »vermählt«...

Auf Sizilien, der einstigen Kornkammer Italiens, gibt es viele aus Mehl zubereitete Speisen. »Alles fängt bei der Pasta an«, hörte ich einmal einen Wirt sagen, der seine unkundigen Gäste beraten mußte. Beginnen also auch wir mit ihr, vielmehr mit einigen sizilianischen Varianten des in ganz Italien geschätzten Vorgerichtes. Wobei ich gleich bemerken möchte, daß ich Ihnen von jedem »Gang« immer nur einige wenige Gerichte zur Auswahl stelle, mit Rücksicht auf das Fassungsvermögen Ihres Magens.

Ecco - die »Pasta«: Versuchen Sie einmal die Version »à la Sarde« - Maccheroni oder auch Spaghetti mit frischgebackenen Sardinen und einer pikanten Soße aus Pinienkernen, Fenchel und Rosinen.

»Maccheroni con aragosta« werden mit Hummerstückchen vermengt, »Maccheroni con gamberi« mit Krebsfleisch und hartgekochten Eiern. »Pasta al sugo nero di sepia« sind Nudeln mit einer dunklen Soße aus Tintenfischteilchen. »Spaghetti alla norma« werden mit Auberginen, frischen Tomaten und gewürztem Quark gemengt. »Pasta incasciata« besteht aus Nudeln mit gekochten Eiern, kleingehacktem Fleisch, Kapern, Tomaten; sie wird mit Käse dick bestreut und im Ofen überbacken. Der von den Arabern übernommene »Cuscusu« wird auf Sizilien aus zweierlei Mehlsorten und sieben Fischsorten zubereitet, alle verfügbaren Gemüse finden Verwendung und so entgegengesetzte Zutaten wie süße Mandelmilch und scharfer Pfeffer. »Arancini« bestehen aus Reiskugeln, die mit Fleisch, Käse und Fisch gefüllt und in Öl gebacken werden.

Wenn Sie auf einer Speisekarte »Frittura à sciabacheddu« aufgeführt finden, versuchen Sie die köstlichen, knusprig gebackenen kleinen Fischchen. Sehr oft wird »Spada« - Schwertfisch - in allen möglichen Zube-

reitungsarten angeboten. Als »Bracciole di Pesce Spada« ist er ein »Schwertfisch-Schnitzel«, finden Sie ihn »à Ghiotta« deklariert, dann ist der Spada mit Tomaten und Zwiebeln, Sellerie, Oliven und Kapern gekocht. Vom »Tonno«, dem Thunfisch, gibt es unzählige, schmackhafte Zubereitungsarten. Vor allem: »Thunfisch auf Seemannsart« - mit Knoblauch, Zwiebeln, Nelken, Tomaten, unter Hinzufügung von Essig und vielen Gewürzen gebraten. Als »Aneletti« empfehlen sich die Ihnen vielleicht bereits bekannten kleinen Ringe der »Calamari«, der Tintenfische. Auf Sizilien ist das Paniermehl scharf gewürzt und mit Petersilie vermengt.
Den vielerlei Fischsuppen sind häufig Teigwaren beigegeben.
Zu den Fleischgerichten: sie werden oft gegrillt. Die »Pizzaiola« wird mit reichlich Tomatensoße, Kapern und Majoran serviert. Der »Falso Magro« ist eine riesige Fleischroulade, mit harten Eiern, Käse, Salamistückchen, Zwiebeln und Gewürzen gefüllt und in Tomatensoße geschmort. »Licudiana« ist ein Kaninchen-Frikassee. Die »Scaccia« eine mit Spinat, Käse, Tomaten und kleinen Fleischstücken gefüllte Pastete. Die »Qualiceddi« vereinigen diverse Gemüsesorten mit schmackhaften Würsten. Gemüse gibt es überhaupt in Hülle und Fülle. Die »Capotinata« wird aus überbackenen Würfeln von Melanzane zubereitet, mit Oliven, Kapern, Sellerie, Tomaten, Krebsschwänzen. Die »Caponata« aus Auberginen, Tomaten, Zwiebeln, Sardellen und Thunfisch- oder Hummerteilchen. Die »Fritella« ist ein Gemüsegericht aus Artischocken, Erbsen, Tomaten, Zwiebeln und Bohnen.
Noch schnell einige Süßspeisen: »Cannoli« heißen die mit Quark, Früchten oder auch Schokoladencreme gefüllten Teigröllchen, »Bucellati«, ein sehr süßes Gebäck, dessen Füllung aus Rosinen, gerösteten Mandeln und Feigen besteht. Die »Cassata alla Siciliana« besteht aus Mandelteig, Ziegenkäse, Biskuits und kandierten Früchten. Der »Torrone gelato« ist eine gefrorene Mandeltorte. Das sizilianische Eis gilt als das beste der Welt. In alter Zeit wurde es - angeblich - aus dem Schnee des Ätna hergestellt. Sie finden »Gelati«, also Gefrorenes - und auch Halbgefrorenes - in allen Varianten und für alle Geschmacksrichtungen gemischt. In allen Farben, aus allen Früchten zubereitet. Ich bevorzuge vor jedem anderen »Gelso«: dunkelrotes, fast schwärzliches Eis aus - Maulbeeren. Versuchen Sie es einmal.
Zu den »Kulinaria« gehören eigentlich auch die sizilianischen Käse, die sizilianischen Weine. Aber ich glaube, diese stehen besser im Informationsteil. Dann können Sie schneller »nachschlagen«. Vielleicht haben Sie bei der Aufzählung sizilianischer Spezialitäten Appetit bekommen und versuchen, eines der angeführten Gerichte zuzubereiten. Wie wäre es mit dem allereinfachsten, der »Hochzeit des Ceres mit Neptun«?

Kleiner Festkalender

Die Sizilianer feiern gerne Feste, jeder Anlaß dazu wird mit Enthusiasmus wahrgenommen. Vor allem von der ärmeren Bevölkerung, die sonst wenig Grund zu feiern hat - und arm ist ja der größte Teil der Inselbewohner. Religiöse Feste, folkloristische Feste, zuweilen miteinander verbunden, besitzen oft noch heidnische Tradition. Vielleicht haben Sie bei Ihrer Sizilienreise Gelegenheit, an dem einen oder anderen teilzunehmen. Sie werden meist die Straßen geschmückt finden, bunte Bänder spannen sich von Haus zu Haus. Bei den Festen der Heiligen werden ihre Bildnisse oder Reliquien in feierlichen Prozessionen durch die Stadt geführt. Ein bunter Jahrmarkt mit vielen Buden und Vergnügungsständen gibt die heiter-weltliche Note, die mit Tänzen und einem abendlichen Feuerwerk ihren Höhepunkt findet. Ich möchte Ihnen jetzt einige der schönsten - oder eigenartigsten - Inselfeste angeben, die hier im Ablauf des Jahres gefeiert werden:

Januar: Neujahrsfest und Dreikönigsfest (6. Januar) - letzteres wird u. a. in der albanischen Kolonie bei Palermo, in dem schöngelegenen Bergort Piana degli Albanesi, besonders glanzvoll begangen. Die Einwohner tragen dabei die prächtigen, mit viel Gold verzierten Trachten ihrer einstigen Heimat.

Februar: Der Karneval von Taormina wird zwar oft zitiert, in Termini Imerese aber ist er ein richtiges, originelles Volksfest, wenn der »Nannu«, der »Großvater Carnevale«, in einem großen Umzug, mit Tänzen (darunter alte Rundtänze) zu Grabe getragen wird.
3. bis 5. in Catania das Fest der Stadtpatronin Sant'Agata mit Prozession der »Cannalori«, der meterhohen geschnitzten Holzkerzen; während des Umzugs die »Annancata«, ein Wettanzen der Träger (am 6. Februar). An den beiden anderen Tagen Prozessionen mit dem Schrein der Heiligen.
Mitte Februar in Agrigent das »Fest der Mandelblüte« (Sagra del mandorlo in fiori). Folkloregruppen singen und tanzen im Tal der Tempel.

März/April: Am 19. März das Fest des San Giuseppe in Ribera. Auch in Agrigent, dort mit nächtlichen Feuern und Musik. An vielen Orten in der Karwoche und an den Ostertagen Prozessionen und Mysterienspiele. Z. B. in Trapani eine dramatische Karfreitagsprozession mit zwanzig Gruppen von Passionsdarstellungen. Zu Caltanissetta am Gründonnerstag Umzug der sogenannten »Mysteriengruppen«, überlebensgroßen Figuren der einzelnen Stationen des Leidensweges Christi. In Gela am Karfreitag ein Passionsspiel. Am Ostersonntag das Fest der »Diavolata« zu Adrano; in Castelvetrano ein Auferstehungsspiel. Zu San Fratello in den Kartagen das »Judenfest«. Am 23. April in verschiedenen Orten das Fest des Ritters San Giorgio. Im April in Monreale eine »Woche kirchlicher Musik«. Vom 28. bis 30. April in Taormina das »Fest der sizilianischen Karren«; auch an mehreren anderen Orten.

Mai: In den Bergen der Madonie die »Targa Florio«, ein sehr beliebtes Autorennen. In Syrakus läßt man im Mai (ebenfalls im September) die Wachteln zu Ehren der Stadtheiligen Lucia fliegen, als Dank für einen »Wachtelregen«, mit dem sie einst ihre Stadt vor dem Hunger rettete. Zu Caltanissetta feiert man - gleichfalls im Mai und im September - San Michèle, der die Stadt von der Pest befreite. Über das am 9. und 10. Mai zu Trecastagni stattfindende Fest des Sant'Alfio wurde schon berichtet (siehe Seite 126). Im Mai Aufführung klassischer Dramen im Griechischen Theater zu Syrakus.

Juni: Die »Sagra delle Ciliegie«, das Fest der Kirschenweihe, in Castelbuono. An allen Fischerorten am 29. Juni das Fest des heiligen Petrus, des Patrons der »Pescatori«. Am Pfingstmontag feiert Trapani das Fest des San Liberante mit einem großen Festschmaus, zu dem Polypen und Bohnen in riesigen, auf Straßen und Plätzen aufgestellten Kesseln gekocht werden.

Juli: Am ersten Tag des Monats das Fest des San Calogero zu Agrigent. Vom 13. bis 15. in Palermo der »Festino« der heiligen Rosalia. Bei der Prozession am 15. wird die »Muntagnedda d'Oro« durch die Straßen gezogen, ein riesiger Bilderwagen, der »goldene Berg«. Ebenfalls am 15. finden in Santa Ninfa bei Trapani, wie auch in Agrigent, große Ernte-Segnungen statt. In Caltagirone zieht man am 25. in alten Kostümen zu Ehren des San Giacomo durch die Stadt, am Abend gibt es ein großes Feuerwerk. Vom 14. bis 22. finden in Taormina Konzerte statt und im Lombardenkastell zu Enna haben ab Monatsmitte die festlichen Opern-Freilichtaufführungen begonnen.

August: Vom 10. bis 15. des Monats feiern Trapani und Erice ihr »Blumenfest«. Vom 10. bis 12. finden vor Marsala, Syrakus, Catania und Messina große Regatten statt. Am 12. August gibt es auf dem Stretto auch eine »Meeresprozession« und zum Fest von Mariä Himmelfahrt halten am 14. die »Giganti« ihren Umzug, zwei neun Meter hohe, aus Holz und Pappe geformte Gestalten. Sie sollen den legendären Araberfürsten Grifone und dessen Gemahlin Mata vorstellen. Am nächsten Tag, dem 15., zieht das Volk von Messina den ungeheuren Wolkenwagen, die »Vara«, durch die Stadt, auf dessen Gipfel die »Madonnina«, umringt von Engeln, schwebt. Auch in Trapani wird ein großes Marienfest abgehalten. Piazza Armerina hat um die Monatsmitte seinen »Normannenzug«, und in Taormina beginnen die Tanz-Festivals.

September: In der Stadt am Monte Tauro werden sie dann von den Internationalen Folklore-Festivals abgelöst. Bei den vielerorts stattfindenden Erntefesten tanzt man alte Reigen, wie den »Ballo della Cordela«, und hält Dankprozessionen, wenn die Ernte gut war. In Palermo zieht man

So reiste man durch Sizilien, zur Zeit, als J. G. Seume von Sachsen nach Syrakus spazierte

am 3. und 4. September zur Rosaliengrotte auf dem Monte Pellegrino. Erice veranstaltet ein Sportfest. Am 8. und 9. hat die schwarze Madonna von Tindari ihr Fest und die liebliche Maria von Gibilmanna. In Syrakus läßt man nochmals die »Wachteln fliegen« und in Caltanissetta dankt man abermals dem heiligen Michael für seine vor Jahrhunderten bewiesene Hilfe während der Zeiten der Pest.

Oktober: In diesem Monat finden vor allem eine ganze Anzahl »weltlicher« Veranstaltungen statt, so ein Pferderennen zu Catania, verschiedene Folklore-Darbietungen zu Ragusa und auch in Taormina.

November: Nunmehr hat Palermo sein Pferderennen; in der Hauptstadt und in Catania beginnt die Opernsaison.

Dezember: Vom 13. bis 20. gibt es volkstümliche Veranstaltungen zumeist religiösen Charakters in Acireale und in Syrakus. Und am 24. und 25. Dezember wird, wie überall in der christlichen Welt, Weihnachten gefeiert: Natale.

Mit diesem Kalendarium möchte ich mich von Ihnen verabschieden und Ihnen noch eine kleine Legende und ein altes sizilianisches Sprichwort auf Ihren Reiseweg nach Trinacria mitgeben.
Die Legende: »Als der Herr Himmel und Erde erstehen ließ, baten ihn die Engel, ebenfalls etwas erschaffen zu dürfen. Der Herr gewährte es – und die Insel Sizilien entstieg den Meeresfluten. Da es aber auf dieser Welt kein irdisches Paradies geben darf, erschuf Gott den – Sizilianer.«
Das Sprichwort: »Wo du hingehst auf der Erde, mach es so, wie du es machen kannst: Jedes Herz hat sein Leid, jedes Haus seine Leidenschaft, jeder Augenblick seine Gnade.«

Quasi als Nachwort: Das Geschenk des San Francesco

»Poverella« – Sie erinnern sich, ich habe sie Ihnen ja vorgestellt – war mit allem einverstanden, was ich schrieb. Nur gegen die Bemerkung, daß sie zu einer »undefinierbaren Hunderasse« gehöre, hat sie energisch protestiert. Zu Recht. Ich habe inzwischen erfahren, daß sie und ihre Nachkommenschaft von jenen Hunden abstammen, die einst das Heiligtum des siculischen Gottes Hadranus am Fuße des Ätna hüteten; diese scheinen im Lauf der Zeit bis zu den Küstengegenden des kalabrischen Festlandes vorgedrungen zu sein. Vielleicht haben Schiffer einmal etliche Ätnahunde über den Stretto mitgenommen . . .
Übrigens ist solch ein »Cirneco dell'Etna« auf einer antiken Münze, der Tetradrachme von Segesta, zu sehen: hochbeinig, mit spitzer Schnauze und Ringelschwanz ist er das genaue Abbild meiner Poverella.
Falls Sie mit dem Wagen nach oder durch Sizilien fahren sollten und sich Ihnen ein kleiner weißer oder weißbrauner Hund vor das Auto legt, wissen Sie, wer ihm diesen Tip gegeben hat . . .
Und nun: »Buon viaggio« – Gute Reise!

Hier finden Sie's wieder

NOTIZEN

NOTIZEN

NOTIZEN

NOTIZEN